《素书》与企业管理

仲子传人

仲跻和 著

团结出版社

图书在版编目（CIP）数据

《素书》与企业管理 / 仲跻和著. -- 北京：团结
出版社, 2023.12

ISBN 978-7-5234-0615-1

Ⅰ.①素… Ⅱ.①仲… Ⅲ.①《素书》—应用—企业
管理—研究 Ⅳ.①F272

中国国家版本馆CIP数据核字(2023)第219709号

出　　版：团结出版社
　　　　　（北京市东城区东皇城根南街84号　邮编：100006）
电　　话：（010）65228880　65244790
网　　址：www.tjpress.com
E－mail：65244790@163.com
经　　销：全国新华书店
印　　刷：四川科德彩色数码科技有限公司
开　　本：170mm×240mm　1/16
印　　张：21.875
字　　数：280千字
版　　次：2024年1月第1版
印　　次：2024年1月第1版印刷
书　　号：978-7-5234-0615-1
定　　价：88.00元
　　　　　（版权所属，盗版必究）

奇书·奇人·奇解

范从来

　　仲跻和送来一本书稿，《〈素书〉与企业管理》，嘱我为序。仲跻和是我的老乡，我也曾荣幸地在他就读南京大学商学院时忝列导师。近年来，仲跻和频频出书，2008 年出过一本题为《职场答案》指导大学生入职的书，我亦为序。但是，这一次仲跻和把目光投向了《素书》，并且把《素书》与企业管理联系在一起，还是让我颇为惊讶的！因为《素书》被称为国学史上的奇书，而仲跻和又是一个故事多多、意趣盎然的奇人，那么，我不禁要问，奇人面对奇书，又有怎样的奇解呢？

　　《素书》何奇之有？该书相传为秦朝末年著名隐士黄石公所著。他预见到秦朝必亡、汉朝将兴，想物色一个优秀的人才，辅佐有道明君推翻秦朝暴政，拯救天下苍生。黄石公于始皇二十九年（公元前 218 年）遇到了在博浪沙行刺秦始皇未果而被追杀、亡命落魄的张良。黄石公故意脱鞋让张良穿鞋考验了张良的胸怀和修养，认定"孺子可教"。然后又三次相约，提前到场，考验了张良的耐心和诚心，以《素书》相授。张良研读《素书》后，运用其中的韬略辅助刘邦成就了霸业。张良死，并未将《素书》传诸后世，而是随葬湮没黄土。五百多年后的晋朝，盗墓者挖掘张良墓，在玉枕中发现了《素书》，以及所附秘戒：“不许传于不神不圣之人；若非其人，必受其殃；得之不传，亦受其殃。”传给不该传的人，必有灾祸；遇到该传之人而不传，也有灾祸。《素书》的神秘色彩更加浓厚了。《素书》总结和概括了中国传统人生哲学和历史经验，把人性道德修养与斗争谋略合二为一，具备很高的指导意义和实践价值，故而，该书面世后即广为流传，并在清朝收入《四库全书》。历代学者司马迁、苏东坡、钱穆、南怀瑾等都给予极高评价。一般说来，大家习惯于把《素书》归于谋略一类，但《素书》一定不是从技术层面上讨论谋略技巧的。《素书》是建立在我国传统国学基础上，以道家思想为宗旨，集儒、法、兵等诸家思想，发挥道的作用及功能，以道、德、仁、义、礼为立身治国的根本，揆度宇宙万物自然运作的理数，以此认识事物、应对事物、处理事物。因此，《素书》是一部系统学习中华传统文化的教材，是一部加强道德修养、个人修为的教材，是一部学会审时度势、经世韬略的教材，是一部领悟趋吉避祸、追求成功的教材。这样，我就不难理解仲跻和关注《素书》、解读《素书》的理由了。

仲跻和有何之奇？仲跻和有许多身份，而且每一个身份都那样多姿多彩。仲跻和首先是一个企业家。他把一个我们家乡偏僻的乡办厂从濒临倒闭挽救回来，一步步发展成拥有电梯配件、铁路建材、农业农机等多元产业的综合企业集团。他在管理企业过程中，非常重视企业文化建设，在提炼传统文化的基础上，确立了以“家”为核心的海迅文化，并且善于用传统儒家的“仁义礼智信”注入时代特征和企业需求，在企业形成了浓郁的学国学、用国学的文化氛围。在他的倡导下，海迅集团办起了自己的企刊，出刊超过二十年，成为一笔重要的精神财富。仲跻和又是一位作家。他热爱生活，善于思考。他购书藏书，读书用书。更重要的是，他数十年来勤于写作，笔耕不辍，先后出版了《梦已飞扬》《男儿情怀》《职场答案》《无意留痕》《随风起舞》《任水流觞》等著作。仲跻和把原生态的写作带入到文坛，给传统文坛带来清新自然之气。仲跻和拒绝无病呻吟，而是以最率真的姿态坦露着自己的心迹，心中有块垒、笔下有文章。这种原生态的写作注重真实的思想、真切的感受、真挚的情感，这些是他写作的主角。仲跻和的写作征服了一批人，影响了一批人，以文会友，鸿儒谈笑，散发着独特的文学魅力。仲跻和还是一个"中国好人"。这不是自封的，是经过层层评选获得的，并且比他其他无数的荣誉更珍贵。这不仅是对他扶危济困、关爱弱势群体，包括他善待员工、慰问部队等的褒奖，也是他从参军、上前线、退伍、进厂办公司，然后带领企业步步走上正轨等人生际遇的性格底色。他积极向上、坚韧不拔、永不言败的品格才是他的过人之处。企业家的睿智、作家的才情、军人的勇敢、农民的质朴、儿子的孝悌、父亲的慈爱、丈夫的忠贞，在仲跻和身上都闪烁着光彩，一个立体的、大写的仲跻和是奇特的，也是可爱的。仲跻和还是仲子子路的七十二代孙，对传承和弘扬中华国学、仲子文化作出了一定的贡献。

仲跻和对《素书》的解读另辟蹊径。仲跻和是从企业管理的角度解读《素书》的，或者说用《素书》来指导企业管理的。企业管理是当下经济社会的常规话题，不仅企业老板或各层级的管理者要面对，众多被管理的求职者也热情关注，书店中企业管理专柜此类书籍如过江之卿。但是，常常是专家学者的高谈阔论，在实践面前不堪一击。仲跻和解读《素书》绝不是为解读而解读，而是将读书心得与企业管理紧紧融合。是在企业管理中碰到问题从《素书》中寻找答案，是在读《素书》有体会运用于实践。那些事例是真实的，那些运用是鲜活的，那些感受是深刻的，那些顿悟是难忘的。运用《素书》于企业管理，对于其他管理者来说是一次愉快的复制过程，对于年轻人来说是初入职场的敲门砖。当下的中国企业管理不是需要夸夸其谈的说教，而是建立在真实案例基础上的、面对中国式企业发展现状的、生动的管理经验。仲跻和从事企业管理三十多年了。三十多年来，相信他在不断探索和选择企业管理之道，相信他对流行的现代企业管理也有所涉猎。然而，他最终选择了"回头看"，从老祖宗那里捡拾秘籍，从传统国学中发现智慧。这说明，中国的传统国学于今并没有过时，至少与所谓舶来的现代管理手段并不相悖，或者更加适用于中国国情、中国企业的现状和中国人思想哲学和行为方式。仅仅如此是不够的。仲跻和结缘《素书》是十年前！十年来，案头枕边，时时翻读，随着企业蜕变发展，他对《素书》的认识也不断嬗变。不断地积累体会，慢慢形成了书稿，但他并未急于出书，而是束之高阁，以为沉淀。十年后再读，际遇不同，境界亦不同，仲跻和解读《素书》渐渐脱离治国或治企的技术谋略，逐步深入到道德层面，"德足以怀远，信足以一异，义足以得众，才足以鉴古，明足以照下"。这才是《素书》的本质，也才是中国企业管理应有的灵魂。我以为，这才是本书真正的价值所在。

作为多年从事中国经济发展研究的学者，我乐意为大家介绍本书，并且将自己阅读本书的体会与大家分享。

注：作者系南京大学商学院教授、南京大学校长助理、国家社会科学基金学科评审组专家、国务院学位委员会学科评议组成员、教育部特聘教授，教育部创新团队带头人；国家级教学名师（2003年），中国金融学会常务理事。

自 序

一本书读了十年，也就我这样边读、边悟、边写、边用的人做得出来。

初结缘是 2011 年初从北京回来那次。我在机场书店看到《素书》，随手拿起来翻翻。黄石公是谁，我没听说过，而张良是谁，我知道。他的智谋，特别是他急流勇退的智慧，让我印象深刻。也许于我而言，到了该释怀的时候，就把书买了回来，放在办公桌上，有空时就翻翻，慢慢就被书中的话吸引住了。

"明于盛衰之道，通乎成败之数，审乎治乱之势，达乎去就之理"，而这样的"道""数""势""理"正是我所渴求的。治企似治国，一个理啊！

从开始时的囫囵吞枣，书言亦言，到后来用自己的理解、自己的语言与自己从事的工作结合起来，写下读书的体会，已是买书两年后了。当时企业正处于蜕变之时，经历从自己亲力亲为到请人为的转换。请什么人为？怎样才能找到我所需要的人？又怎样来解决掌控与放手的担心？诸多问题逐渐在《素书》中找到了答案，也就更坚定了这样一个想法：《素书》不只是治国之法宝，也是治企的法宝。

人才有三等：俊、豪、杰。企业用人，当先求有，再求好。如果非要认准"杰""豪""俊"才用，也就难以找到需要的人了。

怎么办？给年轻人机会。一起读《素书》，与企业一起成长，这就有了

"一四八"团队，企业培养人才的载体之一。小我二十岁左右的同事，优秀者为"四"。三十岁左右的优秀同事，有培养前途且自愿上进的年轻人为"八"，"三代人"一起读《素书》。活动对年轻人有多少用并不重要，重要的是，我找到了心安的理由。为了寻找有用的人才，运用老祖宗的智慧去启发年轻人，与年轻人一起读书，一起谈体会，从中发现理念相投的人才，这已经足够了。也是自我强化读书的手段，让自己的心能烙更多的《素书》印记，让自己能更好地成长。

从"守职不废，处义而不回，见嫌不苟免，它利而不苟得"，到"行足以为仪表，智足以决嫌疑，信可以使守约，廉可以使分财"，最终达到"德足以怀远，信足以一异，义足以得众，才足以鉴古，明足以照下"的境界。虽然时间有点长，近十年了，而且有点浪花似的跳跃起伏，但终究让我觉得自己真的不再是初读《素书》时的那个人了。为什么会如此，就借用近期发生的事来说明吧。

庚子春节后，新型冠状病毒性肺炎暴发，全国处于严防死守状态，不只延长春节假期，企业延了复工时间，政府动员大家居家隔离，杜绝密切往来，拜年、年酒一律省了。即便严管至此，还是有缺乏公德心之人，明知来自疫区或经过疫区有可能传播病毒，照样参加公众活动。更有甚者，自己出现了症状也不报告、不居家隔离，在社会上乱活动，引起更大范围的传播，给疫情防控带来更大的风险。

我只能在企业、家两点之间来往，到企业，修改书稿，将《〈素书〉与企业管理》再次推敲。回到家抱一抱小孙女顺顺，让女儿有时间出去透透气。昨天晚上，我抱着顺顺在房间转悠，突然想起《道德经》第十章"营魄抱一，能无离乎？专气致柔，能婴儿乎？"

我的道医师父大夫道人曾经说过，这是练内丹的关键，身体要像婴儿般柔软。比如双腿并直、弯腰、双手按地，我也就"听话照做"，现在可以手掌按地。但面对怀中的小孙女顺顺时，我突然觉得像婴儿般的心胜过像婴儿般的身。心像婴儿才是修炼的真正境界！说不知道，可什么都知道，说知道，可什么也不在乎，只按自己的心去笑、去哭、去睡、去吃，而不想其他的。如果说一个人已经在社会上转了一圈，还能像婴儿这般随心，还有什么可在乎的呢？

其实，对书的理解，需要用心；不忘书之言，需要机缘，领悟突破后进入另一个层面。这就是一本书为什么读了十年，读着读着就有了新的认识。是书在给我提醒，还是生命给予书时代的理解？

我做企业工作已三十多年了，体会到"发现人、选用人、培养人、管好人"是企业管理的核心所在。《素书》告诉我们怎样做事、怎样处世，正是可以共用、彼此认可的标准。

从古至今，有些标准通行不变，比如仁、义、礼、智、信。随着社会的发展，具体的理解有差异，但内核是相通的。企业的仁，爱岗敬业；义，克尽所能；礼，相互尊重；智，放眼未来；信，全力以赴。而两千多年的仁、义、礼、智、信，特别是经过董仲舒扩充后，有了三纲五常，五常即父义、母慈、兄友、弟恭、子孝，都是这个道理。

我不敢说企业的五常就是对的，更不敢否认董仲舒的五常在今天就行不通，我只是觉得企业的五常更能适合今天的企业管理需要。这与《素书》中的"长莫长于博谋，安莫安于忍辱，先莫先于修德，乐莫乐于好善"一样，一切皆有规则，一切皆有因果，要想有好的果，就要种好的因。"吉莫吉于知足，苦莫苦于多愿"。有人问我苦不苦？我说不苦，问的人不信。为什么？因为不知我之愿甚少，少得只剩下没有愿望，只注重做事的过程，享受的只是过程。

由于能力与境界所限，对《素书》的理解还只是皮毛，难免有误读误解。

书中之言，难免有牵强附会之嫌，特别是对某些例子中涉及的人，我并无不敬之意，只是为了借此说明我的观点，如有伤害，敬请谅解，如有误导，敬请指教。我一定虚心受教，并向您致谢。

目
录

。

感悟之二　正道章

感悟之三　求人之志章

○ 感悟之六　安礼章

○ 悟后悟

黄石公《素书》原文

〔原始章〕

　　夫道、德、仁、义、礼五者，一体也。道者，人之所蹈，使万物不知其所由。德者，人之所得，使万物各得其所欲。仁者，人之所亲，有慈慧恻隐之心，以遂其生存。义者，人之所宜，赏善罚恶，以立功立事。礼者，人之所履，夙兴夜寐，以成人伦之序。夫欲为人之本，不可无一焉。贤人君子，明于盛衰之道，通乎成败之数，审乎治乱之势，达乎去就之理。故潜居抱道以待其时。若时至而行，则能极人臣之位；得机而动，则能成绝代之功。如其不遇，没身而已。是以其道足高，而名重于后代。

〔正道章〕

　　德足以怀远，信足以一异，义足以得众，才足以鉴古，明足以照下，此人之俊也；

　　行足以为仪表，智足以决嫌疑，信可以使守约，廉可以使分财，此人之豪也；

　　守职而不废，处义而不回，见嫌而不苟免，见利而不苟得，此人之杰也。

〔求人之志章〕

　　绝嗜禁欲，所以除累。抑非损恶，所以让过。贬酒阙色，所以无污。避嫌远疑，所以不误。博学切问，所以广知。高行微言，所以修身。恭俭谦约，所以自守。深计远虑，所以不穷。亲仁友直，所以扶颠。近恕笃行，所以接人。任材使能，所以济物。殚恶斥谗，所以止乱。推古验今，所以不惑。先揆后度，所以应卒。设变致权，所以解结。括囊顺会，所以无咎。橛橛梗梗，所以立功。孜孜淑淑，所以保终。

〔本德宗道章〕

　　夫志心笃行之术。长莫长于博谋，安莫安于忍辱，先莫先于修德，乐莫乐于好善，神莫神于至诚，明莫明于体物，吉莫吉于知足，苦莫苦于多愿，悲莫悲于精散，病莫病于无常，短莫短于苟得，幽莫幽于贪鄙，孤莫孤于自恃，危莫危于任疑，败莫败于多私。

〔遵义章〕

　　以明示下者暗，有过不知者蔽，迷而不返者惑，以言取怨者祸，令与心乖者废，后令缪前者毁，怒而无威者犯，好众辱人者殃，戮辱所任者危，慢其所敬者凶，貌合心离者孤，亲谗远忠者亡，近色远贤者昏，女谒公行者乱，私人以官者浮，凌下取胜者侵，名不胜实者耗。略己而责人者不治，自厚而薄人者弃废。以过弃功者损，群下外异者沦，既用不任者疏，行赏吝色者沮，多许少与者怨，既迎而拒者乖。薄施厚望者不报，贵而忘贱者不久。念旧而弃新功者凶，用人不正者殆，强用人者不畜，为人择官者乱，失其所强者弱，决策于不仁者险，阴计外泄者败，厚敛薄施者凋。战士贫，游士富者衰；货赂公行者昧；闻善忽略，记过不忘者暴；所任不可信，所信不可任者浊。牧人以德者集，绳人以刑者散。小功不赏，则大功不立；小怨不赦，则大怨必生。赏不服人，罚不甘心者叛。赏及无功，罚及无罪者酷。听谗而美，闻谏而仇者亡。能有其有者安，贪人之有者残。

〔安礼章〕

怨在不舍小过，患在不预定谋。福在积善，祸在积恶。饥在贱农，寒在堕织。安在得人，危在失士。富在迎来，贫在弃时。上无常操，下多疑心。轻上生罪，侮下无亲。近臣不重，远臣轻之。自疑不信人，自信不疑人。枉士无正友，曲上无直下。危国无贤人，乱政无善人。爱人深者求贤急，乐得贤者养人厚。国将霸者士皆归，邦将亡者贤先避。地薄者大物不产，水浅者大鱼不游，树秃者大禽不栖，林疏者大兽不居。山峭者崩，泽满者溢。弃玉取石者盲，羊质虎皮者柔。衣不举领者倒，走不视地者颠。柱弱者屋坏，辅弱者国倾。足寒伤心，人怨伤国。山将崩者下先隳，国将衰者人先弊。根枯枝朽，人困国残。与覆车同轨者倾，与亡国同事者灭。见已生者慎将生，恶其迹者须避之。畏危者安，畏亡者存。夫人之所行，有道则吉，无道则凶。吉者，百福所归；凶者，百祸所攻。非其神圣，自然所钟。务善策者无恶事，无远虑者有近忧。同志相得，同仁相忧，同恶相党，同爱相求，同美相妒，同智相谋，同贵相害，同利相忌，同声相应，同气相感，同类相依，同义相亲，同难相济，同道相成，同艺相规，同巧相胜：此乃数之所得，不可与理违。释己而教人者逆，正己而化人者顺。逆者难从，顺者易行，难从则乱，易行则理。如此理身、理家、理国，可也！

原始章

此章论述为人处世的基础和根本原则，所以称其为『原始章』。黄石公认为，为人处世应该『道、德、仁、义、礼』五者具备。在时机来到之前，加强自身道德和本领的修养。在机遇来临时，审时度势，洞察先机。一旦抓住机遇，则胸怀天下，施展抱负，成就事业。

五德兼备　相辅相成

道、德、仁、义、礼，则相辅相成、缺一不可。

◎ 夫道、德、仁、义、礼五者，一体也

〔原典〕

夫道、德、仁、义、礼五者，一体也。

〔释文〕

道、德、仁、义、礼，从字面上看是五种不同的道德标准，在指导做人上，实质是统一的。一个健全的人应同时具备这五种美德，否则不是一个完美的人，或不是一个能成就事业的人。

虽然人是一个多面体，具有多种性格、多种品德特征，在某些具体场合，会呈现出其中相应的一面以适应需要。但作为对人的道德要求，道是统领。道、德、仁、义、礼，则相辅相成、缺一不可。否则，就不是一个完整意义上的人，也就不能当职业经理人，也当不好职业经理人。

站在企业人的角度，作为职业经理人，应是奉行道，践行道、德、仁、义、礼的典范。做人秉德，行事有道。

经营一个企业也好，管理一个工厂也罢，首先是要做好自己，把道、德、仁、义、礼作为自己的言行准则。唯有做好自己，让自己成长为示范者、榜样者，才能谈到"经营""管理"的话题。而道、德、仁、义、礼正是做好自己的检验标准。践行了道、德、仁、义、礼，也就是个有"道"之人。

道、德、仁、义、礼，也是"治人"者手中的道德标杆和管理利器，是用来引领和规范被管理者的。

现实生活中，自认为具备道、德、仁、义、礼的人，为什么差别那么大？因为人与人对道、德、仁、义、礼的理解不同、定义不同，对践行道、德、仁、义、礼的要求不同。而我所说的企业人需要具备对道、德、仁、义、礼，理解与定义的相同标准，以及相似的理解与定义，是最基本的底线思维。

循道而为　事半功倍

作为企业的管理者，心里有人人，管理有规则，规则循自然，即是道。

〔原典〕

道者，人之所蹈，使万物不知其所由。

〔释文〕

"道"就是人必须遵循的自然法则，它是宇宙包括人类社会发展的准则。"道"虽然支配着一切，但人很少感觉到它的存在与影响。

〔仲跻和感悟〕

"道者"："人之所蹈。"何为道？自然规则、本质。太玄了，没用。作为企业的管理者，心里有人人，管理有规则，规则循自然，即是道。自然让大家没觉得被管，而是员工自觉自律地工作。

老子在《道德经》开篇中讲"道可道，非常道"的"道"，即是这里的"道"。"道"是本质，又高于本质。"道"是规律，又高于规律。道是制度、流程，又高于制度、流程。"道"是文化，又高于文化。

为什么有人既能帮助他人又能成就自己，而有的人怎么想

◎ 道者，人之所蹈，使万物不知其所由

成就，也无法能成就？就是"道"出了问题：选错了"道"，未按"道"做事。"道"的神奇在于"看不到""摸不到"，而又确实左右着一切。无论做什么，只有知道"道"，遵循"道"，才能达到事半功倍之效，否则一事无成。事倍功半，半途而废。

决定做什么？怎么做？都需要按"道"办事，否则事难成，最多不过事倍功半。惨淡经营，半死半活。

同是铁链项目，为什么在某人手上开发出来了却未做好？而到了另外一个人手上，很快得到了发展，经过几年的拼搏成为亿元企业。因为前一个人在开发产品时，忽视了产品的销路。当发现了有可能打开销路的时候，又不愿低下高贵的头去求人，结果只能把企业卖给另一个人。经营企业，就是由一连串"求人"的事组成的，当"求"不求，则死路一条。

当然，你如果有足够的实力与财力支撑你开发市场，满足需求，不去求人，而是让人来求你，则又是另当别论。

人得其所　己德功成

> 让人的"欲"得到满足，就是"德"。记住是"人得"而不是"我得"，"我得"不是"德"。

〔原典〕

德者，人之所得，使万物各得其所欲。

〔释文〕

"德"的本义就是"得"，广而言之就是让世间万物顺应自然法则而各得其所、各尽其能。人的欲求是"得"的核心，只有想到，才可能得到。

〔仲跻和感悟〕

德，"人之所得"。让人的"欲"得到满足，就是"德"。

记住是"人得"而不是"我得"，"我得"不是"德"。世界上的事情真的很怪。"有心栽花花不发，无心插柳柳成荫。"欲望也像抓在手中的沙子，越是想拼命地抓住它，它便漏得越是快。越想得到，便越是得不到。如果是主观上让别人"得"，却使自己客观上"具德"而功成。

企业规定"三纲"："国家为客户之纲""客户为企业之纲""企业为员工之纲"的道理就在这里。《易经》解释说："赞颂天地之化育"即为德。人要同天地一样无私，尽其所能帮助所有的人成就好事、美事、喜事，这就是德。通俗地说：有德之人，"损有余，而补不足"。

在国家层面：有德的企业绝不会忘记国家利益。如果一个企业，靠出卖国家利益生存，这个企业肯定会被国家制裁。

在企业层面：有德的企业绝不会忘记客户利益。如果一个企业不能给客户带来利益，带来价值，迟早会被客户淘汰。

在员工层面：有德之人不吃里扒外、不拥兵自重、不营造代理人空间、不怕人才流动。否则，肯定会被企业淘汰。

仁者爱人　仁者尽心

　　"仁者"心里有人人；"仁者"有慈悲心，乐于助人；"仁者"用心做事、以身示范。

〔原典〕

　　仁者，人之所亲，有慈慧恻隐之心，以遂其生存。

〔释文〕

　　"仁"就是亲爱，指人与人、人与万物之间是一种亲爱的关系，人具有慈悲恻隐之心，则万事万物都能顺畅成就。

〔仲跻和感悟〕

　　"仁者"，人人物物愿意亲近的人。

　　为什么人人都愿意亲近？

　　因为"仁者"心里有人人，遇到好事、美事先想到人人，而

◎ 仁者，人之所亲，有慈慧恻隐之心，以遂其生存

不是自己。

因为"仁者"有慈悲心，乐于助人，在别人需要帮助的时候，伸出温暖的双手，奉上真诚的心。是发自内心的乐助，而不是演戏般的做作。

因为"仁者"用心做事、以身示范。心里想什么未必有人知道，事情做得怎么样却有目共睹。尽其所能把事情做完美，是仁者的选择。

谈到用心做事，想起在部队时候的一件事。那是1979年3月份，在广西前线，边战斗边训练架桥。当时我还是一名才入伍两个月的新兵。班长安排我去舟舱整理救生衣，我把救生衣统一挂在一边，而且把12件救生衣统一一个方向挂着，整齐划一，特别养眼。检查工作的连指导员看见了，问："这是谁整理的？"我说："报告指导员，是我，3排11班新战士仲跻和。"从前线回来后，我调到连部当通讯员。在一次与指导员的闲聊中才知道：之所以选我当通讯员，就是因为指导员觉得我做事用心，与一般战士不一样。

我怎么做的，指导员不知道。心里怎么想的，怎么要求自己的，我的思维模式，指导员更不知道。但整齐划一的救生衣透出的信息，却告诉指导员这些问题的答案，这才有了我在部队的第一次升职机会。

说到用心做事，又想起毛泽东"为人民服务"。老人家虽说已逝世四十七年，但仍活在人们的心中，就是因为一生"为人民服务"，心中只有人民。为人民生，为人民死。

是不是真心为民？是不是事事处处为民？决定了共产党政权是不是稳定。中南海正门的照壁上，还有各级政府的大门口都写有这句话。可不知道当心中没有人民的官员从门前走过的时候，他们是否会心虚、脸红？"己欲立而立人，己欲达而达人"的古训，难道忘了吗？有"仁"心的官员，肯定不会"强拆"；有"仁"心的官员，肯定不会上错了床、拿错了钱；有"仁"心的官员，肯定不会为一己之私而毁国家信誉、政党信誉。

义不逞勇　所宜为要

义，就是做应该做的事、做能做的事。

〔原典〕

义者，人之所宜，赏善罚恶，以立功立事。

〔释文〕

"义"即合乎事理，指人办事要合时宜，处世要得体，让人感到舒服。义是为人处事的判断标准，符合的就是善，应得到奖励，违背的就是恶，要得到处罚。

◎ 义者，人之所宜，赏善罚恶，以立功立事

〔仲跻和感悟〕

讲义气的人，首先是赏善罚恶的人，扶持弱势群体的人，也是善于沟通的人。前两者一般人都可以理解接受，后者难以理解和接受。

义，就是做应该做的事、做能做的事。如果说你的能力限制你做不到，而你又充好汉，虽然说是应做的事，但又是自己无能力做的事，其结果不但伤害了自己，而且误了大事。

三国时期失街亭的马谡勇敢应战就不是义。孔子的学生，也是我的始祖，仲子"结缨遇难"也不是义。明知道解决不了问题，还要固执己见，只顾自己的"义"，而不顾国家、家人、亲友的感受，结果白白葬送自己的生命。

故此，义者，是建立在懂沟通、善交流、会衡量基础之上的善举。用毛泽东的话说就是"保存自己，消灭敌人"。舍己取"义"，固然好，但若既能保全生命又能发挥更大的作用，也未尝不是一种好方法。

是不是义者，在企业来说，真的是太重要了。作为管理者，你如何对待企业赋予的使命，如何对待你的下属所犯的错误，如何看待自己所犯的错误，以及应承担的责任，一个"义"字，就是照妖镜，立判这个人是不是个合格的职业经理人。

礼修其身　礼治天下

人人需要遵守的规矩和法则。

〔原典〕

礼者，人之所履，夙兴夜寐，以成人伦之序。

〔释文〕

"礼"即是制度、规矩、法则。每个人从小到大、从内到外、从早到晚，都践行礼的规范，这样社会就能井然有序，人际关系就能和谐，家庭就能和睦。

〔仲跻和感悟〕

礼，从国家层面来说，是法律、法规、细则；从企业层面来说，是制度、流程、规定、岗位说明书、授权；从个人层面来说，是《弟子规》《员工手册》等；总之是人人需要遵守的规矩和法则。

职业经理人也有职业经理人的礼。职业品行、职业素养、职业能力构成职业经理人"礼"的三要素。品行、素养、能力，三者相辅相成，缺一不可。

礼，需要从小教起，幼学如漆，从头学起。第一印象很关键。

礼，也可以从今天开始学，"活到老，学到老"。

1950 年代以后出生的人，小时候都少有系统学过《弟子规》。所以现在需要补上"礼"的课，让这些人更有"礼"些。

组织企业人读《弟子规》，看起来是多此一举，其实是"磨刀不误砍柴工"。员工学习《弟子规》，不但会对自己的言行有影响，而且会带动其子女一起学习，让子女也会受到熏陶。

一群懂"礼"的人一起共事，会好管多了。

◎ 礼者，人之所履，夙兴夜寐，以成人伦之序

正心识道　循规蹈矩

道、德、仁、义、礼，是做人的根本，缺一不可。

〔原典〕

夫欲为人之本，不可无一焉。

〔释文〕

人这种动物，内心的欲望就是客观存在，又处于变动之中。如何做人？就是正心，要道、德、仁、义、礼五者为一体，缺一不可。

〔仲跻和感悟〕

道、德、仁、义、礼，是做人的根本，缺一不可。这里说的做人，不是一般意义上的做人，而是做一个真正有意义的人，做一个有礼貌、有爱心、有追求的人，做一个对社会、对人类有价值的人。

当然，也是企业的职业经理人最基本的要求。

为什么同是富人，有人被尊敬，有人被瞧不起？同是职业经理人，有人被尊敬，有人被厌恶？同是领导，有的人说话有人听，而有的人说话没人听？就是遵循道、德、仁、义、礼的差异导致人的品行、能力、境界的差异。用一句话说：就是不识道，不遵道。所以这类人被称为无道之人。作为职业经理人，这方面出了问题，再好的机会也会被他断送。都说有亏损的企业，没有亏损的行业。更何况企业是菜篮子，装什么菜，可以选择；怎么装，更可以选择。而你把企业弄亏了，只能说明你是"无道之人"。

审时度势　顺天应时

知道盛衰，懂得成败，善于治乱，敢于去就。

〔原典〕

贤人君子，明于盛衰之道，通乎成败之数，审乎治乱之势，达乎去就之理。

〔释文〕

那些社会上的贤人君子，之所以人生辉煌，就在于能够洞察事物兴盛、衰败的规律，能够把握成功、失败和定数，详察世事安定、纷乱的玄机，知道自己何时出仕、何时该隐的道理。

〔仲跻和感悟〕

贤人，本领胜过德行的人。君子，德行大于才能的人。

这两种人能透过现象看本质，知道盛衰，懂得成败，善于治乱，敢于去就。

这一点对要创业的人，特别是想自己当老板的人，更显重要。人生往往是一步错、步步错。走好第一步，尤其关键。

创业不是仅靠运气。撞上了"风口"猪也能飞，是有可能。但要飞得高，飞得远，需要有境界、有胸襟、有能力、有毅力、有眼光、能果断。

创业当老板，打工当员工，仕途当官员，人与人之间不可千篇一律，适合自己的才是最好的。遇到事时是进？是退？是向左？还是向右？需审时度势，不可意气用事，感情用事。一切都有规律，唯有循规律而动，才是明智的，可取的。张良、刘伯温就比诸葛亮强。

记得 1986 年我进乡办企业时，有两种选择：一个是大厂——巾被厂，一个是小厂——橡胶厂。我选择了橡胶厂，因为我觉得橡胶厂能给我更好的机遇。结果如我所料，到橡胶厂当销售员八个月，即被推荐当厂长，从此走上了人生的创业路。当厂长之后，我针对企业存在的问题先后采取了"合同制""计件工资制"、淘汰老产品、开发新产品、推行股份合作制、与外商合资等措施，使企业不断发展，效益超过了巾被厂。知道问题所在，且找到了合适的解决办法，就是企业走到今天的秘诀。当然，这也与踏准政府政策的节奏有很大的关系，也就是说"随风起舞"。

抱道待时　顺其自然

成功不只是锋芒毕露、勇往直前，还需要在困难时审时度势、避开陷阱、以待时机。

〔原典〕

故潜居抱道以待其时。

〔释文〕

贤人君子没有机会怎么办呢？他们深居简出，加紧自我修养，等待时机到来。

〔仲跻和感悟〕

当处于不利之时，须避其锋芒，以待时机。

成功不只是锋芒毕露、勇往直前，还需要在困难时审时度势、避开陷阱、以待时机。这样才能达到事半功倍的效果。

时间是最好的助剂，能让该消的消化，能让该长的长大。时间是最好的裁判，它会告诉我们是与非、对与错。

有准备之人，才能趁机而上。

有准备之人，未必都有机会。

无准备之人，有机会等于没机会。

是做有准备之人，还是听天由命、我行我素？当然在自己，谁也无法强求。

2018年3月下旬去长沙，身为董事长，本想就企业的运营中遇到的问题与总经理好好沟通一下，寻找共识。可没想到，总经理提出了让我退股的话题。在当时，我怎么办？我想起了"潜居抱道，以待其时"，想起了"顺其自然"。既然你说出来了，我也就顺水推舟，同意他的提议，而且是心平气和地与总经理商量好退股的价格问题、完成时间问题，并签订了协议。

当时，还没有觉得什么，一切在心中只是顺水推舟，轻松超脱，成就了一段佳话。我本是为改进管理、共渡难关而去。可结果被劝出局，从情感上来说还真的是有点受不了。理上也说不通。四年前，企业亏损，处于停产状态，邀请我参股。四年来，企业电厂由三个发展为九个投产，三个在建，年利润近两亿元。

因对企业经营中一些具体问题的观念不同，被劝"退出"。曾经的"贵人"说是不是真的？感谢就谈不上了。能不责怪、心平气和地退出就知足了。

真的是要感谢道家传统文化培训在云南大理洱海的《庄子》课程，让我有了由"适性人生"向"无待人生"的转变，也才有了坦然面对突然变故时不失礼、冷静应对，也才有了我能洒脱地站在橘子洲感谢庄子的夜游镜头。

功成做事　事败做人

机会来了，成就人生；如若不然，也当洁身自好，安于现状，淡然一生。

〔原典〕

若时至而行，则能极人臣之位；得机而动，则能成绝代之功。如其不遇，没身而已。

〔释文〕

有充分思想准备的人，一旦机会到来，就能够乘势而上，开创一番大业，实现治国、平天下的大愿。假如准备了一生都没有机会施展才智怎么办呢？你仅仅没有成就事业罢了，还是一个道德高尚、受人尊敬的人啊。

〔仲跻和感悟〕

机会永远是为有准备之人留着的。做有心人，按"道、德、仁、义、礼"

做人做事。如此，机会来了，成就人生；如若不然，也当洁身自好，安于现状，淡然一生。

人生真的很无奈，聪明也罢，勤奋也罢，未必能成功；既聪明，也勤奋，也未必成功。成功了未必愉悦，不成功未必不愉悦。要想说清其中的奥秘，真的很难。

《素书》是治国的圣书，用来治企是否好用？其实，治国也好，治企也好，关键在人。一是做好人，二是治好人。未必人人能治企，前提做好人。能从《素书》中学到做好人的智慧，也是缘分。好人，未必是"老好人"，这里说的好人是有道、有德、有信、有礼之人。知进退，识时势之人。

平心而论：《素书》于我来说，让我更成熟，明白今天的一切，是必然，而不是偶然。

当初，决定放弃公务员的身份，坚守企业经营的阵地做社会财富的增加者，也不是没有动摇过，只是真的在企业，现在觉得还是对的，因为我本就是为企业生、为企业活、为企业死的人。而不是具备公务员特有的性格、能力素养的人。在企业，我可以为社会创造更多的财富，做更多有益于社会且自己又想做的事情。

德高流芳　努力修炼

境界需修炼，智慧要修炼，如此方能道高而名垂千古。

〔原典〕

是以其道足高，而名重于后代。

〔释文〕

只要有足够的道德，无论穷与通，都会千古流芳、彪炳史册。

〔仲跻和感悟〕

此"道"，乃人生之"痕迹"。此"道"是境界，是智慧，是认可。也就是说，你的人生轨迹被人们所认可，你的名节就能流传千古。财富是"浮云"，功名是"神马"，权势是流水，唯有"道"，乃是永恒的。老子没了几千年，《道德经》还在；仲子没了几千年，"百里负米"的典故还在；毛泽东走了几十年，人们还在怀念他。有"道"不愁名。

　　检讨人生，尚需努力。做个有道、德、仁、义、礼的我，追求愉悦未来人生，关键在于"人人"，而不在我。心里有人人，行动才能有人人。决策有人人，结果才能有人人。过程有人人，归宿才能有人人。有了"人人"，自然有我，因为我即人人，人人即我。忆过去，有人人，有时，做到了，未能完全做到，至少是未能时时、事事、处处做到。

　　境界需修炼，智慧要修炼，如此方能道高而名垂千古。

　　《素书》是面镜子，我能看到的、想到的，未必是书中有的，但肯定是我心中有的。

　　读《素书》，是炼心之需，找到心中的未被认识的东西。

　　写感悟，也是炼心之需，通过写加深印象。当然，也有与大家分享之念。我的话，不是真理，但是真话，真话是草药，需要配伍才能发挥药的作用。

　　《素书》是企业管理的宝典。我从企业管理、企业人的角度来读《素书》，更多的是从亲身经历、亲身所想的地方着手，难免会有不合人口味之处，实在是抱歉，真的只有这点能耐啊！

　　其实，无需顾虑太多，企求太多、重要的是无愧于心，道心、德心、仁心、礼心、义心。

感悟之二

正道章

本章论述做人的正道。有德君子，有飞黄腾达之志，就应当德、才、学兼备。信义才智、胸襟气度、眼光手段缺一不可，具备者便是人中龙凤、世间俊杰。千古人才难得，才学智慧多有短长，能力亦有高下。黄石公在本章之中把人按照俊、豪、杰分而论之，清晰，透彻。

常听说，做人当为「俊杰」「豪杰」「人杰」。但何为「俊杰」「豪杰」「人杰」？怎么样才能算得上「俊杰」「豪杰」「人杰」？不得而知。自看了《素书》此章后，疑惑似秋季的云，随一阵轻风而逝。

俊杰五宝　品端行正

经营企业就是经营人生。企业也有品行。它的品行来自企业一把手的品行的衍生。

〔原典〕

德足以怀远，信足以一异，义足以得众，才足以鉴古，明足以照下，此人之俊也。

〔释文〕

道德就是一个人应对世界的一种态度，如同一种善力。道德高尚的人必然是胸怀远大的人，得到的回报也是很大的。诚实守信可以使不同意见的人归于统一。判断、处理事情合乎道理，就是义。有义之人就会得到众人的支持拥护。有智慧才能从以往的经历中总结经验，指导今后的生活；有明达才能洞见未来，采取相应的策略。做到这五点就是人中俊才。

由此可知，一个人俊不俊，核心在于是否具备"德""信""义""才""明"的境界。缺一者，不可称俊。而且不只是有了就可以，还要达到一定的量，即高度，否则同样不可称俊。"德"的度在"怀远"，"信"的度在"一异"，"义"的度在"得众"，"才"的度在"鉴古"，"明"的度在"照下"。如果说把俊者的"德""信""义""才""明"称之为人生五宝，人生拥有一两件宝，也许可以做到，要同时拥有此五宝，且达到一定的量，非常人所能。难怪俊者少。

"德"的度在"怀远"。这里的"远"，我理解有两层意思：时间的概念与地理的概念。如果让品德高尚的人被人们传颂称赞，而且不只是身边的人这样，就连地处很远的地方的人也知道传颂称赞，那么这个人的德就达到了俊的境界。周恩来似乎就是无可争议的这样的人。

"信"的度在"一异"。天无信，四时失序。人无信，行止艰难。

信的影响在企业更为显著。企业有信，供应商可以给你"账期"，让你先用后付款；而无信，则必须现金提货。企业有信，客户可以放心买你的货，让你有事可做。否则，没有了订单，企业也就没有存在的必要。这样浅显的道理在有些企业经营者来说，则未必知道，至少也是不信，结果怎么样，无信的企业法人只能被告上法庭，只有关门一条路可走，真为这样的企业法人可惜！

义的度在"得众"。我曾经与一个没有领导力的企业部门经理说过："你不为员工着想，员工又怎么能听你的呢？"也曾经与另外一个企业部门经理说过："你总是用企业的利益收买人心，作无原则的交易，企业又怎么能信任你呢？"以上两种极端都不是"义"。"义"需要考虑全面，否则就不是"义"。"众"者比人人还多一个人，多出的一个人是谁？就是企业，企业也是人，只有把企业当人看，企业才能把你当人看。如果说少一个人就不是"众"而是"从"了。

"才"的度在"鉴古"。即具备能分清历史上的是与非的能力。历史本来就是块抹布，上面沾满了油污，要想分清历史的是与非，首先要有还原历史本来面目的能力，也就是用辩证科学的眼光、观点看历史的人与事，而不是用今天的眼光与观点去看历史上的人与事。这样才能谈得上分清是与非。

"明"的度在"照下"。即具备明察秋毫的能力。身为领导，如果不能"看透"人心，则显幼稚可笑。只有洞察秋毫，懂得人心，明白人心，才能领导好他部属团队。

经营企业就是经营人生。企业也有品行。它的品行来自企业一把手的品行的衍生。企业能不能优秀、能不能杰出、能不能长青、能不能做大做强，关键在于一把手是不是优秀、是不是杰出。也就是说，选择一把手必须要看"德""信""义""才""明"五方面，不但要有，而且要有一定的度。否则教训太深刻了。

行智信廉　人中豪杰

言行足以为表率，能力足以决嫌疑，信用足以使守约，清廉足以使分财。

〔原典〕

行足以为仪表，智足以决嫌疑，信可以使守约，廉可以使分财，此人之豪也。

〔释文〕

有美好的仪表，有超强的执行力，能够在群体中起到表率作用；足智多谋，在纷乱的世事中，能够保持清醒的头脑，对疑难之事条分缕析，有决断能力；信守诺言、说一不二、一诺千金，就是吃亏受损也不反悔；清廉公正、不谋私利，与同事和下属同甘共苦。具备这些品质的人，就是人中豪杰。

〔仲跻和感悟〕

推而知之，豪者在仪表堂堂之外，还要具备"行""智""信""廉"，并且还有一个尺度。"行"，一是能够看得清的行动，二是行动还要称得上表率、榜样、模范；"智"，重在能够看清面对的复杂情况，知道其核心所在，懂得怎么样处置才能算得上恰当；"信"，除掉能够"一异"，取得共识之外，还要能够说话算数，承诺的事情就要能够"守约"；"廉"，除了公开透明之外，还要不存私心，能够公正、公平。如此之人，方能称为"豪杰"。

纵观中华历史几千年英雄人物，横看同学、战友、朋友、同事、亲戚，能够将说的落实在行动上，本就不多。能成为表率，更未必是一般人所能做到的。能够面对错综复杂的现实，理清头绪，抓住核心所在难上加难。能够针对核心所在，及时找到恰当的方法，把握错综复杂的现实，向符合主观意志的方向发展，更是犹如上青天。取得共识难，永远取得共识更难，事事取得共识更是难上加难。公开透明也许能做好，公平、公正相对来说就艰难多了。何为正，何为平？公说公有理，婆说婆有理。也就是说，为俊者难，为豪杰更难。

由此，我想起了企业的总裁办主任。我曾对他说，"你是管家，要把没人管的都管起来"，"你是参谋，要帮我出主意、提建议"。其实质就是：言行足以为表率，能力足以决嫌疑，信用足以使守约，清廉足以使分财。这样的人处在此位，才是可让领导放心的人，才是能忠实履行职责的人。

操守职守　人中之杰

忠诚企业，不泄密；爱岗敬业，不失职；听从安排，不违抗；遵纪守法，不违规；廉洁奉公，不收礼；精诚团结，不拉帮；雷厉风行，不拖拉；诚实做人，不失信；爱护财物，不损坏；勤俭节约，不浪费。

〔原典〕

守职而不废，处义而不回，见嫌而不苟免，见利而不苟得，此人之杰也。

〔释文〕

忠于职守、爱岗敬业，不论遇到什么情况，认定正确的就坚持，百折不挠，永不回头。被人误解、猜疑，身处是非之地不会因怕事而推脱责任。利益当前，坚持操守，不做见利忘义的小人。具备以上四种品质的人，就是人中之杰。

〔仲跻和感悟〕

此乃基本操守。是在关键时刻、重要关口、重大事件上能够"俊者""豪者"，而在"守职""处义""见嫌""见利"时，能做到"不废""不回""不苟免""不苟得"，就是杰者。杰者，比一般人优秀。好的职业经理人就应该是杰者。否则只能当被管理者而当不了管理者。

◎ 守职而不废，处义而不回，见嫌而不苟免，见利而不苟得，此人之杰也

写到此，想起社会上流行的一些话："放下屠刀，立地成佛"，"临死抱佛脚"，"做了一辈子的坏事，快要死的时候，做了一件好事，也就成了'好人'"。如若能够如此，固然好，但与我上面说的不是一回事。好人未必是俊杰、豪杰，但一定是做好事的人。做过好事的人，未必就是好人。社会错综复杂，不要简单化、标签化看人。

企业用人，要么挣钱，要么省钱。你既不能挣钱，又不能省钱，就失去了存在的必要。下岗、失业，也就是迟早的事儿。

企业用人是讲效益的，用工成本也是不可忽视的。不要为一时的高薪酬沾沾自喜，企业与支出不相匹配，你的工作就危险了。

企业管理是系统工程，只有团队全体成员各司其职、各尽所能，才能形成企业的整体合力。也就是需要全体成员"守职而不废"，才能实现企业目标。

扪心自问，自己不是俊者，不是豪者，还需要艰苦修行，这样想，这样说，这样行，也许有点"另类"。可以理解，正是"另类"，才有差异、特殊、个性，才有穿越时空、跨越人神的动力。

扪心自省，具体来说，是在"才""明"上需要加倍努力提升，还要在"德""行""智"需要格外费心。唯有如此持之以恒，一日三省方能不愧对黄石公与《素书》的功德智慧。

做个优秀的职业经理人，是需要付出的；要是想当老板、创业更需要付出更多。

孔子在《论语·述而》中说："加我数年，五十以学《易》，可以无大过矣。"暂且不论孔圣人说的是五十岁学易，还是用数理学易，至少要学《易》没错。我以为，作为古文基础不好、又没太多精力补救的人，还是"常阅《素书》，勤省本心；抛弃非真，归于无我"好。

如果是自己创业想当老板的人，更应该读《素书》、品《素书》、践行《素书》智慧。

谈到创业与打工。国家鼓励创业是必须的政策，而你是不是具备创业的条件，需要认真读一下《素书》。同时我有个建议：一般来说还是先当好员工，做个好兵，再当老板，实现将来的梦想。

企业，是一群志同道合的人一起做事，否则同床异梦，很难把企业做好。将《素书》的价值观视为企业的价值观，这样有利于用《素书》的智慧治理企业。

企业文化是企业的核心价值观，也是企业判断是非的标准。守职不废，就是不管职务大小，不管在什么岗位，都要忠于职守、爱岗敬业。处义不回，就是坚持正义、真理，不动摇。见嫌不苟免，就是把该做应做的事情做好，而不会因为怕事就推脱自己的责任。见利不苟得，就是坚持操守，不做见利忘义的小人。这是作为员工最起码的要求，否则就选择离开，省得害己、害企、害人。

忠诚企业，不泄密；爱岗敬业，不失职；听从安排，不违抗；遵纪守法，不违规；廉洁奉公，不收礼；精诚团结，不拉帮；雷厉风行，不拖拉；诚实做人，不失信；爱护财物，不损坏；勤俭节约，不浪费。

企业有多个杰者，企业生存与发展，也就有了保障。随着企业转型升级，对人才的需要越来越多，对人才的要求也越来越高，大家努力啊！

特别是面对 5G 时代，企业更需要《素书》智慧，否则很难用好 5G 这个工具。

感悟之三

求人之志章

本章论述君子应该不断加强自身的道德、品质、能力、本事等诸多方面的修养。

所谓志，就是志气、信誉、远大的抱负和志向。要实现人生的志向，就要不断磨砺自己的意志，锻炼自己的品德，增长自己的知识，掌握为人处世的技巧。

这里的每一句格言都是对为何要安身立命、经国济世的告诫，其中包含了无数古人的经验和教训，值得一思，再思，三思。这是企业人应该吸取的智慧源泉，用之不竭的智慧宝库。

清心寡欲　轻松自在

只要杜绝嗜好，禁绝欲望，就不会觉得累。

〔原典〕

绝嗜禁欲，所以除累。

〔释文〕

人之志犹如信仰，它是指引人成长的目标。立志首先从绝嗜禁欲开始，清除人生不必要的累赘。

〔仲跻和感悟〕

只要杜绝不良嗜好，禁绝贪婪欲望，就不会觉得累。时常有人问我："累吗？"我说："不累！"他们都不信，认为我没说真话，但我其实真的是发自内心的不觉得累。

为什么？因为我有我的底线，也就是行事的方式、判断的标准。比如美女，可以喜欢，但不能占有，更不谈长期占有。比如金钱，可以去挣，去拥有，但要挣钱"有道"。有道挣钱，就不累。金钱要智慧地拥有，是拥有金钱的使用权、支配权，而不是拥有所有权。用俗话说："钱不用就是张纸。"再多的金钱存入银行，也就是个数字。经营企业是为挣钱，不可否认。重要的是怎样挣？有了钱干什么？这两个问题决定着累不累。

拥有所有权就会很累，就会像一个拥有千万资产的企业老板，会为了一本信纸少三张而与卖信纸的人斤斤计较。其结果只能是丢下了一生辛苦挣的钱，悔恨早早撒手人寰，去见阎王了。

"水至清，则无鱼。""大坝为何要有溢流孔？"人活着要有境界，做事也要有境界，这样才能轻松生活而不觉得累。用佛教的话说就是要运用戒、定、慧，去除贪、嗔、痴。

更重要的是管理过程，忽视结果，我努力，我拼搏，我开心。

日日三省　时时修炼

抑制不好的言行，就会少犯些错误，减少罪过。

〔原典〕

抑非损恶，所以让过。

〔释文〕

每天要抑制自己不正确的思想和行为，减少恶习，就能少犯错误。

〔仲跻和感悟〕

抑制不好的言行，就会少犯些错误，减少罪过。

始祖仲子有"闻过则喜"的品行。

老子说："自胜者强。"

毛泽东曾经说："有则改之，无则加勉。"

人生在世，最大的敌人是自己。只要能战胜本性的我，我将是战无不胜的。

"吾日三省吾身"，就是强调天天"省"、时时"省"，以此来抑制不合情理、道德、礼仪的言行，修炼人生。这样的人，才是好的职业经理人，好的朋友、亲人。

也只有做到这样，你才可以谈创业，谈人生价值。

经营企业者比打工更需要"抑非损恶"。

不沾酒色 不惹事端

《素书》提出"贬酒阙色"，就是提醒有追求的人，不能因酒误事。

〔原典〕

贬酒阙色，所以无污。

〔释文〕

酒乱性、色迷人，切忌沉迷于酒色，不要使自己的行为有污点。

〔仲跻和感悟〕

酒色，酒色，有酒也就难离色。所以只有少喝酒，最好不饮酒，这样才能少乱性，少犯错。

酒是好东西，"酒壮怂人胆"，所以适量饮点，可以拉近彼此的距离，可以稀释相互之间的怨恨，可以找到共同点。

酒是坏东西，"酒后乱性"，所以，佛教最基本的"五戒"之中就有"戒饮酒"。至少，酒多了会伤身体。

《素书》提出"贬酒阙色"，就是提醒有追求的人，不能因酒误事。特别经营企业者，市场竞争日趋白热化：酒后失态，有失威势；酒后失德，有损人品；酒后失智，延误战机。"一着不慎，满盘皆输""过了这个村，就没有这个店"，等你醒了，一切都晚了。

历史上因酒误事的典故，真的是不胜枚举。《三国演义》中就有：袁绍醉酒失乌巢，孙权醉酒纵皇叔，张飞醉酒丢了命，刘备醉酒吐真言，曹操醉酒斩刘馥。

当今社会，因酒惹事的事太多。常有人因酒驾扣分、罚款，因醉驾吊证判刑。更有因醉酒丢了性命："于大炮"醉酒睡死，吴某醉酒摔死，这两人都是我的熟人。故此，我认为，不喝酒最好，适量饮点儿也无大碍，万万不要醉酒、醉驾。法律无情啊。

避嫌慎微　远离是非

只有避免嫌疑、远离嫌疑，才能不被误解，至少少被误解。

〔原典〕

避嫌远疑，所以不误。

〔释文〕

要躲避嫌疑，因为小事小人往往会误了大事。

〔仲跻和感悟〕

只有避免嫌疑、远离嫌疑，才能不被误解，至少少被误解。

三国时的曹植有言："君子防未然，不处嫌疑间；瓜田不纳履，李下不正冠。"故此国人为了避免嫌疑，瓜田里不整理鞋带，李树下不整理帽子。还有"寡妇门前是非多"，尽量少从寡妇门前过，还有"男女授受不亲"等等。就是劝人注意小节，别因小节而影响名誉。

在企业，此类的小节更多，更应引起注意。

企业经营无大事，企业经营无小事。小事处理不好，也许就是大事。大事处理好了，也许就是小事，甚至就是无事。

作为职业经理人，与同事、领导相处，不可太近，也不可太远。特别是当领导与领导之间有意见的时候，更是如此。一切以工作需要为原则。

做事不能太随性，要依习俗规定做事。"心底无私天地宽"是没有错，你是不是有私？不是你说了就有用的，而是他人说的。让人家看着无私，才能无事。

说话亦一样。真话无益可不说，真话有害不讨论，未必是真话就可以乱说。

博学勤问　积累才干

师傅巧，徒弟拙，你不问，他不说。

〔原典〕

博学切问，所以
广知。

〔释文〕

要以学为经、以
问为纬，在学与问的
过程中不断增长才干，
志大才疏的人是不会
成功的。

◎ 博学切问，所以广知

要想懂得多，就要多学习多请教。

"师傅巧，徒弟拙，你不问，他不说。"作为年轻人，你不懂又不问，就永远也学不会。

不管是才入职的新员工，还是就职多年的老员工，都需要多学习、多请教。社会发展在突飞猛进，知识更新越来越快，要想让自己不落伍，就要勤学习，会学习。老员工有老员工需要的学问，新员工有新员工的知识。老新员工相互学习、共同提高，有利于融为一体，形成团队合力。

"不耻下问""敏而好学"是《论语》的名言，就是教导我们要勤学习、会学习。

特别是学历不高又渴望有成就的人，只有更加如饥似渴地学习，才有可能实现人生理想。

经营企业，就像骑自行车，只有两脚不停地用力，才能向前、向前。

经营企业，似逆水行舟，不进则退，故需不断否定、不断创新。

经营企业，就像登山，前面永远有不一样的风景，不要被眼前的风光所迷惑。

高调做事　低调说话

能不说，尽量不说；能少说，尽量少说；能善说，尽量善说。

〔原典〕

高行微言，所以修身。

〔释文〕

要高调做事、尽量少说话，不事张扬地修炼自身。

〔仲跻和感悟〕

修身的关键是：多做事，少说话。

俗语说"人无过头功"，意思是说：人把两手举过头顶，力量就会小很多。所以劝人不要做自己能力达不到的事情，不要说"过头话"。我曾在集团年初培训会上说过：能不说，尽量不说；能少说，尽量少说；能善说，尽量善说。这样，才能不引起他人的嫉妒，才能不给自己的工作增添不必要的阻力，才能不给自己断了后路，才能不给自己留下"无信"的后遗症。

　　这里的"高调做事"是相对于"低调说话"而言的。其实做事也要"低调"，太"高调"会增加做事的阻力，增加做事的困难。

　　当然，修身不只是做事、说话这两点，还有做人、处世等等，都需要谨小慎微、严于律己。

恭俭谦约　节俭入手

> 恭，恭敬。俭，节俭。谦，谦虚。约，简单。

〔原典〕

恭俭谦约，所以自守。

〔释文〕

具有恭敬、节俭、谦虚、简约四种品质的人，无论进与退，都是成功。

〔仲跻和感悟〕

恭，恭敬。俭，节俭。谦，谦虚。约，简单。要想人生少犯错，有一个愉快的人生，必须具备此品德。

现在讲"低碳生活"，其实也就是节俭不浪费的生活。生活好无顶，穿金戴银了，还有钻石、宝石。有了鲍鱼，还有鱼翅。好上有好，天外有天，追求奢侈的生活享受，要不得。

生活差有底，能吃饱穿暖就可以。

吃饭是为了补充营养，营养能满足生理需要就是最好的。否则，"痛风""三高"也就来了。

有时看到有人在吃饭前，先在腹部或大腿外侧来一针，然后还是胡吃海喝，我真为这样的人担心。当然有时候，也会为我担心，因为我也是个"能吃好吃"的人。道医班导师大夫道人就是这样评价我的，虽说现在还没有"糖尿病""痛风"，但血压还是高。更何况，我还有更高追求，更需要控制吃，否则无法成为一名"自了汉"。（自了汉，修道医追求的一种人生境界，自己料理，不给子女、社会、国家添乱。）

穿衣是为了御寒挡风，不冷就是好的。否则成为累赘。就像在空调房间穿皮衣，穿在身上怕热，脱掉怕被人看不见自己有皮衣，成为累赘。

办企业也是一样，同样需要节、俭、谦、约。能省的钱一分不花，才能积少成多。全员都关注节约、降本，才能增加企业的利润，确保企业健康发展。

企业大了，人多了，更要节俭。一人一天节约一块钱，五百人的企业一天就是五百元，一月就是一万五千元，一年就是十八万元。

企业食堂吃饭有个规定，剩饭不许超过三粒米。超过三粒米，必须负激励五十元。开始，大家不习惯，还有人被负激励。再后来，大家也就习惯了，正如同事王兆林说的：我现在回家也没有剩饭了，全部吃完，家里人反而感到奇怪。所以企业勤俭之风形成了，不仅企业收益，家庭也收益。

把握机遇　深谋远虑

海迅能有今天，靠什么？创新，不断否定自己，不断寻找新的更好的管理理念，不断探求新盈利模式、市场定位以及新产品、新材料、新工艺、新市场。

〔原典〕

深计远虑，所以不穷。

〔释文〕

因为有大智慧的人深谋远虑、思虑周到，所以在任何情况下都不会手足无措。

〔仲跻和感悟〕

人无远虑，必有近忧。

《礼记·中庸》："凡事预则立，不预则废。言前定则不跲，事前定则不困，行前定则不疚，道前定则不穷。"

深谋远虑，说说容易，做起来难，特别是在当今这样浮躁的社会。人心浮躁，难以静心远虑。眼前尚看不过来，谈何想明天，想长远。发展那么快，计划已跟不上发展的速度，想了也白想，诸如此类。淡化了深谋远虑的重要性。

然而，事实残酷地告诉人们，不能深谋远虑必然会影响企业的发展。当然，想到，不一定能做到；但想不到，就肯定做不到。

所以，首先要善于想，敢于想，把一切可能都想到，然后争取一个最好的结果。如此，就是不能大成功，至少也会小成功。

海迅能有今天，靠什么？创新，不断否定自己，不断寻找新的更好的管理理念，不断探求新盈利模式、市场定位以及新产品、新材料、新工艺、新市场。

企业做什么？不是我想做什么，就可以做什么。而是需要根据政府许可，有人要，即我能卖得掉；我又能做，即我具备资金、设备、人才的需要才行。这就需要在平时做个有心人，关心政府政策走向，关心社会发展趋势，有意识积累一些人脉资源，这样到需要时，才可以心想事成。

有人问我：怎么想到从电梯市场跳到铁路市场？怎么会想到投资生物质发电行业？怎么会投资国企？怎么会想到做小贷公司？我只好一笑以答。其实所有这些怎么会，都是在机遇临门时，洞察时局后适时作出的调整。不是心血来潮，拍脑门决策的，更不是我想就可以实现的。

择友以仁　交友以直

多交有仁、义、礼、智、信的有德之人。

〔原典〕

亲仁友直，所以扶颠。

〔释文〕

正直、真诚、博学多才的朋友是事业的助力，在你困难的时候，会伸出援助之手；在你身处黑暗时，会送来一丝光明；在你得意忘形时，会给你当头棒喝。

〔仲跻和感悟〕

结交朋友，与人相处，要有选择。多交有仁、义、礼、智、信的有德之人，至少是有礼貌、有爱心、有追求的人。如此才不至于误入歧途。

与人相处，其实是创造一个无形的环境。这个环境对你的影响将是超过人人都可以看到的有形的社会大环境。因为这是你熟悉、喜欢的环境。

"近朱者赤，近墨者黑。"选择朋友，透露了你自己的品行。

民间有更通俗的说法："跟好人学好人，跟巫婆跳大神。"

◎ 亲仁友直，所以扶颠

有人训诫过：你最亲近的三个朋友的收入平均数，就是你的收入数。

人以群分，物以类聚。"跟什么人，学什么人。"

战国的时候，有一个很伟大的大学问家孟子。孟子小的时候非常调皮，他的妈妈为了让他有好的教育环境，花了好多的心血呢！开始，他们住在墓地旁边。孟子就和邻居的小孩一起学着大人跪拜、哭嚎的样子，玩起办理丧事的游戏。孟子的妈妈看到了，就皱起眉头："不行！我不能让我的孩子住在这里了！"孟子的妈妈就带着孟子搬到市集旁边去住。到了市集，孟子又和邻居的小孩学起商人做生意的样子。一会儿鞠躬欢迎客人，一会儿招待客人，一会儿和客人讨价还价，表演得像极了！孟子的妈妈知道了，又皱皱眉头："这个地方也不适合我的孩子居住！"

于是，他们又搬家了。这一次，他们搬到了学校附近。孟子开始变得守秩序、懂礼貌、喜欢读书。这个时候，孟子的妈妈很满意地点着头说："这才是我儿子应该住的地方呀！"

由此可见，选择环境和朋友，有多么重要。

律己宽人　恕行服众

只有严于律己、宽以待人、忠贞不渝、乐于助人的人才有朋友。

〔原典〕

近恕笃行，所以接人。

〔释文〕

自己不想做的事不强加给别人，自己选定的目标，要忠贞不渝，坚持不懈。有了这两种品质，就能获得大多数人的支持，成就事业。

〔仲跻和感悟〕

只有严于律己、宽以待人、忠贞不渝、乐于助人的人才有朋友，才有人愿意与之为伍，与之同行，与之共事，与之做生意，互通往来。也就是说，才能成为"头""领导""老板""首长"。

孔子说："己所不欲，勿施于人。"谈生意，布置工作，交代事情都要牢记这一点，否则会误事。你以为你工作布置好了，任务完成了，可结果可能会让你失望的。因为你忽视了布置工作时要考虑到接受工作的人是不是愿意做这项工作。

说到这里，想起家里的事。爱人总是认为她是"为人着想"，是别人"对不起"她，而女儿却不这样认为。问我："为什么妈妈总是认为她是为别人想的，而我们却不认为呢？"我说："她的'别人'是她心中的'别人'，而不是客观存在的别人。别人是否喜欢，要由别人来定，而不是她定。这就是根本原因。"

"己所不欲，勿施于人。"有时就是"我喜欢"也未必可以施加于人。因为"我喜欢"，他人未必喜欢。编制企业制度、流程，需要考虑企业与员工感受相结合，找到一个切入点。员工的岗位确定，工作安排，同样也需要如此。否则事与愿违，彼此不快。

量才以用　物尽其能

用人之长，是本领。用人所短，更是智慧。重要的是"量才"。

〔原典〕

任材使能，所以济物。

〔释文〕

识人善用，做到人尽其才，各安其位，就能干出一番大事业。

〔仲跻和感悟〕

量才以用，物尽其能。

有能力的领导者，有用不完的人才；无能力的领导者，总是指责手下的人无能。"尺有所短，寸有所长""天生我材必有用"，这是事实。"长木匠，短铁匠"，这不仅是技术上处理的智慧，同样也是选人的智慧。为什么？木头长了，可以锯掉，短了就没办法，所以木匠取料要比需要的"长"。而铁件长了，就多余了，短了还可以锻打伸长，所以铁匠取料宁可比需要的短些。这就是取材的技巧，选人，也同样如此。

用人之长，是本领。用人所短，更是智慧。重要的是"量才"。知道才的"长"与"短"，才能根据工作需要，恰当使用。这样才算是充分发挥了人的作用。

选才，首先要识才，知道才之所长，人之所短。在企业来说，首先要对员工有个基本全面的了解，然后才能量才使用，充分发挥他们的作用。

怎样才能发现员工的长与短？可以组织些活动，多让员工展示自己本性、本能的一面，从而发现员工长与短。

销售人员、财务人员、质量人员、技术人员的工作都有特定的能力、性格、特征的要求，也就是说，他们需要具备不同的才能与素养、性格。

这一点，作为企业的老板一定要心知肚明。

忧谗畏讥　耳清目明

谗言投其所好，巧妙伪装，很容易使人上当。

〔原典〕

殚恶斥谗，所以止乱。

〔释文〕

必须远离一切邪恶，排斥一切谗言，这是避免混乱，保证事业成功的必要条件。

〔仲跻和感悟〕

远离邪恶，排斥谗言，如此方能没有杂七杂八的事情。

远离邪恶，相对于排斥谗言要容易，毕竟邪恶的东西都是难登大雅之堂的，而谗言就怪异多了。谗言投其所好，巧妙伪装，很容易使人上当。"千错万错，马屁不错"，要真被"马屁"蒙蔽心智，也就大错特错了。

这一点在选人上尤为重要。"谎话说千遍，也就成了真理。"说的人多了，往往容易动摇心智。身为企业的一把手，哪个好？能用！哪个不行？不能用！怎么判断？听人说，肯定不行。不听，也不行。看业绩，不行，业绩有多重因素，非一个部门人员、一般人员所能决定。不看业绩，也不行。那怎么办？权衡！全面衡量，既听，又看，更要去分析。只有这样，对人的判断才会更准确些，用起来也会避免失误。

如果说被谗言左右了自己的决定，影响了对某人的使用，就会影响到一个部门、一个企业的工作开展，甚至断送整个企业的命运。

鉴古道今　彰往察来

关键是要有借鉴能力，将今天的事情与历史上的事有机对照起来的能力，以及判别差异不同的能力。

〔原典〕

推古验今，所以不惑。

〔释文〕

从历史的发展中总结经验，学习规律，才能厘清纷乱的事理，洞晓事物演进的方向，永远保持清醒的头脑。

〔仲跻和感悟〕

运用传统智慧，洞察现在，验证古今之事，可以减少困惑。前车之鉴，可以借用，就是这个意思。

战略决策、重大问题决策、重要政策制定、关键岗位人员的选定、考核奖励都有一定的规律可循。只要虚心好学、勤于动脑，就能发现《资治通鉴》是镜子，《素书》也是镜子，还有《论语》《中庸》《大学》等，也是治企、做人的镜子，智者能从中找出自己需要的，减少人生困惑。

既要防止像战国赵括、三国蜀将马谡一样的所谓"智者"，生搬硬套，又要善于学张良、刘伯温做个"好员工"，也要学唐太宗李世民、汉武帝刘彻、宋太祖赵匡胤，当个"好老板"。世上没有完全一样的企业，更没有完全一样的人。怎么做人，怎么治企，怎么当员工，需视实际情况而论。推古验今要智慧，不能生搬硬套。用南开大学孙立群教授的话说就是"抽象继承、现代阐释"。

用历史上曾经发生的事情来帮助自己，看清当下的形势，是明智之举。关键是要有借鉴能力，有将今天的事情与历史上的事有机对照起来的能力，以及判别差异不同的能力。

预想预案　从容应对

　　预则悦，不预则烦。心里有了准备，再坏的结果也难撼心中的愉悦。心里没有准备，再小的失误也让自己觉得"难以原谅"。

〔原典〕

　　先揆后度，所以应卒。

〔释文〕

　　要揆情度理，就是谋定而后动。机会属于有准备的人。

〔仲跻和感悟〕

　　事先谋划，而后实施，就会避免仓促行事带来的风险。

　　在部队时，每当演习前，都会组织开展"事故预想"活动，把可能出现的情况都想出来，然后有针对性地制定好应对措施。这样就能减少演习失败的风险。

企业经营也同样存在"预想活动"。开发一个产品,投资一个项目,拓展一个客户,使用一个人都需要有"预想活动"。出现好中差的可能时怎么办?而且这样的预想活动,特别是重大决策前的预想活动是他人代替不了的,身为一把手必须亲力亲为。

回顾企业三十多年的历史,预则悦,不预则烦。心里有了准备,再坏的结果也难撼心中的愉悦。心里没有准备,再小的失误也让自己觉得"难以原谅"。

要想人生愉快,事前谋划,方可收获愉悦。

有些预想也许是无效劳动,你想象的情形可能一辈子也不会发生。但并不能因此怀疑预想的重要性与必要性。"万一"就"一万里挑一",比中大奖还要难,难道因为不中大奖就不去买彩票吗?对买彩票的人来说,肯定不会的。还会继续买,因为不买就没有一点可能。

一家企业要面临转股有时是突然发生的,如果要做到平稳解决好,往往得益于事先有了心理准备。

一般来说,企业的第一大股东或董事长理应与企业共患难,同进退。但在面对企业的实际情况时,第一大股东的权利或董事长的权利都得不到应有的尊重与保障,怎么办?

在企业运行平衡有序时,可以放弃权利,或者说是没有必要去彰显权利。一切委托经营团队经营,也就没有什么矛盾。也就能和睦相处,相安无事。而当企业运营偏离了初衷,且又有重大风险,企业第一大股东或董事长有责任与权力向经营团队提出纠偏经营中存在的问题、完善经营的要求。若经营团队无视第一大股东或董事长的一番好心,对其提出的要求置若罔闻,怎么办?

此时,企业第一大股东或董事长可吸取同行业人士的意见,提出"转股收回本钱"的建议。一旦建议被采纳,应"心平气和"地高效率地签订会议纪要,并就转让股价、完成时间做明确的约定。这样既能保全了各自的利益,又维系了相互的感情。既确保企业的正常运行,又不影响到转股事件的推进。彰显事先有了心理准备，在处理突发事情中的重要性与必要性。

这样的结果既出乎意料，又在意料之中。真的是"先揆后度，所以应卒"。

出奇制胜　随机变通

"两者相较取其轻"，适当地、主动地让与被动、不得不让是有本质区别的，要用换位思考的智慧来想问题，解决难题。

〔原典〕

设变致权，所以解结。

〔释文〕

设变致权，就是要随机应变。任何难事都有解决之道，善于发现，死结就会变成活结。

〔仲跻和感悟〕

灵活沟通，换位思考，是破解死结的智慧。灵活沟通，说说容易，做到却很难。得失权衡的账未必时时算得清，更不可能人人能算清。坚持自己的意见，不听人劝说，有三点可能：一是有可能失败，带来损失，授人以柄；二是留下固执的印象，授人以柄；三是影响他人积极性，不再与你出谋划策。而放弃自己的主见听从劝说，也有三点可能：一是有可能失败，给企业带来损失，但我没责任，可以说风凉话；二是改变固执的印象，留下好的印象；三是调动积极性，在企业形成民主参与的氛围。如此，是否就不需要坚持自己的主见呢？站在企业利益最大化的角度，就不能这样做，若做了，肯定会给企业造成损失。

说起这事，我知道有位创业者创办公司后与合作方分裂的事，就是典型的事例。

前几年，在与合作方创办公司的过程中，创业者因发现合作方并不像当初介绍的那样，真的能给企业带来产品技术的保障。再加上对一些具体问题的处理观点，严重冲突，遂决定与合作方分开。

在此情况下，创业者有两种选择：经过董事会决策或创业者个人拍脑袋决策。鉴于董事会刚改选，也是出于对董事的决策能力的考验，创业者选择了经过董事会决策。

董事会决策结果：同意分开，但不同意再给合作方现金，只同意把固定资产给合作方。而创业者的本意是同意分开，而且准备把账上的现金再给合作方一半。那名创业者考虑的是，他撤出后还要让合作方能正常生产经营，同时也能收回一半的现金，减少损失。

不过，最后的结果是：合作方不同意分开，而且排斥创业者的建议。如此合作者与创业者两方僵持，又耗了一年多。不但账上的现金全部耗光了，而且另外花了一笔钱用于应付诉讼。真的是"赔了夫人又折兵"。

还有客户投诉处理、纠纷处理，都有设变致权的需要。灵活沟通，换位思考是最佳的智慧。"两权相害，取其轻。"适当地、主动地让与被动、不得不让是有本质区别的，要用换位思考的智慧来想问题，解决难题。

缄口慎言　引而不发

引而不发，才是最好的进攻。

〔原典〕

括囊顺会，所以无咎。

〔释文〕

未成功之前，不要时时告诉别人，这样有利于顺应彼此而变化，不致被动增加成功的困难。

〔仲跻和感悟〕

能不能成功，除掉应具备的条件因素之外，还有心态也很重要。外在因素，很多无法左右，而心态是内在因素、主观因素，是完全由自我掌控的。控制好主动权，关键在于：有志——是工作的动机；顺势——尽最大的努力去争取，而不固执；持之以恒——要坚持，应坚持，实在不行就果断放弃。

放弃是最难的坚持。只有懂得放弃，舍得放弃，能够放弃，才是真正的坚持。

用农村的话说，不要说"过头话"，有问题，有想法，心中有数，自己有数就好，说出来了，也就被动了。就像拳击一样，引而不发，才是最好的进攻。决定了，向一个方向，全心全力。

志向坚定　百折不回

大志未展之时，韬光养晦，顺应时流，乱说乱动就会遭祸。立志容易坚持难，要使志向变为现实，就得坚持不懈、百折不挠、勤勉奋发、精益求精。

〔原典〕

橛橛梗梗，所以立功。孜孜淑淑，所以保终。

〔释文〕

大志未展之时，韬光养晦，顺应时流，乱说乱动就会遭祸。立志容易坚持难，要使志向变为现实，就得坚持不懈、百折不挠、勤勉奋发、精益求精。

〔仲跻和感悟〕

勤勤恳恳，任劳任怨，可以无过。坚持不懈，百折不挠，可以成功。大志未展之时，韬光养晦，顺应时流，乱说乱动就会遭祸。立志容易坚持难，要使志向变为现实，就得坚持不懈、百折不挠、勤勉奋发、精益求精。

毛泽东曾经说过："一个人做点好事并不难，难的是一辈子做好事，不做坏事。"立志容易，能坚持不易，特别是遇到看不到前景的困难时。就像红军长征爬雪山、过草地，不坚持就会前功尽弃，断送红军。坚持了，就到了陕北，建立了新的根据地。

办企业更是如此：订单—采购—生产—销售—收款，如此循环，日复一日，年复一年，既单调无味，又困难重重，哪个环节出了问题都会睡不着觉。怎么办？坚持不懈，百折不挠。遇到误解伤害，怎么办？勤勤恳恳，任劳任怨。否则，企业就到头了。

当然，也有另外一种情形。实在不行，放弃也是智慧。没有必要"不撞南墙不回头"。无论是想通一个问题、办成一件事，都与能力、时机有关。时机不到当等待，不可硬坚持。硬着头皮上，结果是事倍功半。如果说实在是能力有限，果断放弃也是智慧。明知能力不够，还要傻撑着，真的要不得。只有如此，才能"保终"，达成所愿。

至此，想起不久前与承包怡心园庭院绿化的顾老板的一席话。见面之后，顾说："我为了庭院回廊的水能回流，想了两夜也没想通。"我说："有这么复杂吗？"然后带他先到蓄水池，告诉他"此池水面比地平面低10厘米"，再到西回廊，告诉他"北回廊水平面比西回廊水平面低5厘米，东回廊水平面比北回廊水平面再低5厘米，南回廊水平面比东回廊水平面再低5厘米，至此，水注入第二个水池，由地下管道进入第三个水池，也是主落水池"，说完后，问顾："明白了吗？"顾说："明白。"这"想了两夜都没想明白"的问题，我五分钟帮他想明白了，不是我比他聪明，而是身份不同，旁观者清。由此可见，无论是想明白一个问题，还是做成一件事，如果所处身份不同，也要善于放弃，等身份许可的时候，就会事半功倍。

我曾收购过一家公司，可以说是波波折折，惊险不断。

运气不到需要等待。没有我十几年积累的信息渠道，没有这个机会；

没有我顶着巨大压力的坚持，没有这个机会；没有企业这几十年来的发展实力，没有这个机会；没有一企一策的投资压力，没有这个机会；没有爱人与女儿的支持，也没有这个机会；没有团队的共同努力，董事会的支持，也没有这个机会；没有关键时刻各位朋友的帮忙与支持，也没有这个机会。没有《素书》的智慧支持，我也许放弃了这个机会。说这些不只是感恩，更是为自己庆幸早读《素书》。

"人欺我，天不欺我。"付出未必有回报，肯定没有害处。想起这些年，在企业人才培养方面所做的努力。"一四八""师带徒""提前牵手"、与北京大学管理学院合作办班、与上海复旦大学管理学院合作办班、与南京大学商学院合作办班，其目的就是为企业培养人才。

说是培养人才，实质是培养我自己。要不是有了这么多的培训与学习，又怎么可能有企业的今天，我的今天。讲课的过程、学的过程，就是自我提升、自我教育的过程。"橛橛梗梗"，顺应时势，适时改变自己，适应企业，改变企业，适应社会，才有了企业的今天，我的今天。

这样想，也就会不再为参与培训的员工先后离开企业，为自己创业去而纠结了。

感悟之四

本德宗道章

本章继续展开论述成就人生的大道。人生的根本在于道德。

道之于人，无处不在，无时不有。

深切体味天道、地道之真谛，才能出神入化地用之于人道。喜怒哀乐、祸福穷通、兴衰荣辱、凶吉强弱……人生漫漫，世路茫茫，哪一种境况你都可能会遇到过。

理想可贵　谋略在先

人要有理想，没有理想不行。实现理想的关键在于事先谋划。

〔原典〕

夫志心笃行之术，长莫长于博谋。

〔释文〕

有了远大的目标，有了坚定的信心，有了脚踏实地的精神，还要有将事业一步步推向前进的思维方法。这样事业才能长久不衰。

〔仲跻和感悟〕

说的是总原则。人要有理想，没有理想不行。实现理想的关键在于事先谋划。只有经过缜密谋划的行动，才能实现理想。说到这里，想起父亲常说的话，"穿不穷，吃不穷，不会打算一世穷"。这是一个平凡的父亲经常说给儿子听的话，其中的哲理何其相似。

2010 年参加德国国际电梯展的遭遇从反面证明了这个道理。出国前未能充分谋划：去德国干什么？见什么人？谈什么事？万里远行来到展会，看见美国特雷卡的展位，傻眼了。无论是展位设计、产品种类、宣传资料、人员形象……我们与他们相差太大了。唯有临时改变行程，决定以游为主，领略异国的风光与文化，让身心得到些许的放松，也不枉远行一趟。不然，闷在展会，会让我急出病来。

现在政府鼓励"全民创业"，给予很多优惠政策，从而也调动了一些"有能力的打工者"的欲望，不想"寄人篱下"，产生自主创业的冲动。想当老板、自己创业是好事，问题是有没有机遇？能力是否适应？可能会遇到什么问题？怎么解决？是靠自己还是靠谁？口头承诺真的可靠吗？最好有协议，只有这样才能增加成功的把握。我真担心，最后是放眼新城区、开发区、高新区，一地鸡毛。但愿我是杞人忧天。

企业也有的员工，以为自己真是具备了当老板的能力。可不知，当老板要有全才，而不仅仅是某个方面的能力。还要有这个福分，成功不只是努力就可以，还需要运里有。我不否认，有人创业成功了，但更多的人失败了。这就要求想创业的人要头脑冷静，要有具备管理自己的能力与智慧，要有成功与失败的心理准备。

忍辱负重　蓄势待发

打人一巴掌，睡不着，被人打一巴掌，呼呼睡。

〔原典〕

安莫安于忍辱。

〔释文〕

一个人心态平和，不为世俗利诱所动，就算"安"了。安的最高境界就是"忍辱"！"士可杀不可辱"，可见"忍辱"之难。

〔仲跻和感悟〕

安：安心、安全。要想安全，就要安心。要想安心，就要能忍辱负重。正如人们常说的那样："说说容易，做到难。"也正是如此，在这个世界上，觉得安心安全的人才那么少。家乡有句劝人忍辱的话："打人一巴掌，睡不着，被人打一巴掌，呼呼睡。"这也许有点可叹，有阿斗的嫌疑。其实，反过来想一想，既然没有能力还一巴掌，就忍下又何妨，识时务者为俊杰。

汉朝的韩信在未得势之前，甘受胯下之辱，后几经易主，终得汉王重用。正所谓"大丈夫能忍天下之不能忍，故能为天下之不能为之事"。

◎ 安莫安于忍辱

在你未具备自主创业当老板机遇与能力的时候，还是"忍辱"当个职业经理人吧。在当职业经理人的同时，寻找机遇，提升能力，积蓄实力。

当个优秀的职业经理人，一定比当个失败的创业老板强。因为优秀的职业经理人有尊严、有报酬。

做人在前　修心为上

做事先做人，做人先修心，修心先要忍。

〔原典〕

先莫先于修德。

〔释文〕

无论做人做事，第一位的是修养德行，要努力让自己成为道德高尚的人，至少也是有德之人。

〔仲跻和感悟〕

做事先做人，做人先修心，修心先要忍。今天忍着是为了明天更好的负重。俗语说："吃得苦中苦，方为人上人。"吃苦忍辱是修德最基本的基本。

能力是双刃剑，唯有品行端正的人才会用能力造福人类，造福社会。为什么有的人能力强却未被重用？德行有问题。对于企业来说，有德行，就是人的价值观与企业价值观保持一致。把企业利益、团队利益放在首位的人，就是有德行的人。当然，在国家层面，把国家利益、民族利益放在第一位的人就是有德行的人。

自己的德行不行，还想被重用，——痴心妄想！不被重用、不思改善、心生埋怨，——错！有此二错，这样的人，就是离开企业，自己创业，想当老板，也难。就是勉强当了老板也只能是小老板。因为格局决定企业规模。

一个人无论在什么时候，心中只有自己，没有他人，注定是一个平庸的人。

乐善至诚　可以通神

有人崇拜你，才会跟着你，服从你的指挥。

〔原典〕

乐莫乐于好善，神莫神于至诚。

〔释文〕

人世间最大的快乐就是帮助别人，人世间最大的智慧就是诚恳、诚信。

〔仲跻和感悟〕

"善有善报，恶有恶报"，是劝人向善的。我以为善即是善，应树立"我善，我快乐"的意识，因为现实社会并不都是"善有善报"的。为"报"而"善"可以理解，人之常情。为"善"而"善"似乎难以理解，也在情理之中。唯有确立为"善"而"善"，方是真善。

"善"乃心之所动，而非外力所驱。这一点，如何界定？其实，又何需界定，心善者乐，反之，则忧。

待人好，人未必待你好。人待你不好，你就待人不好，这是用人家的错误来为自己的错误找借口。

再谈神的话题，说算命的"神"，是因为你信。反过来说，要想"神"，就要信，不信，就"神"不起来了。信，就能激发潜力，成就一件事，心理暗示的作用很重要。一个领导，要有威信，只有建立信任，才能有威信。威信，从全局来说，首先被信任，再有威望。

信是基础，威是手段，目的是拥有一帮崇拜你的人，有人崇拜你，才会跟着你，服从你的指挥，与你同甘共苦。

世事洞明　人情练达

企业人性化管理是建立在人与人、人与企业之间彼此相互尊重、相互信任、相互理解、相互支持、相互发展的基础之上的游戏规则。

〔原典〕

明莫明于体物。

〔释文〕

头脑清明的人善于观察事物、探究规律、洞明事理、练达人情。最关键的是认识自己，有自知之明。

〔仲跻和感悟〕

明，明确，懂得，学会，聪明。聪明在于为对方想，换位思考，主观无我，客观真我，即聪明。"知己知彼，百战不殆"即为此意。格物致知，穷究事物的本末、规律。

人也是物，也不是物，明人甚过明物。对于企业来说，人与人不同，要结合我之所需而"明"。寻找企业员工是否具备企业需要的本能。现在的"00后"员工更难管理。

都说"80后""90后"的员工难以管理，为什么？除他们本身的因素外，作为管理者是不是也有问题呢？要管理好他们，就要了解他们。管理者用心去了解过他们吗？他们喜欢什么？讨厌什么？崇拜什么？需要什么？只有先把这些问题弄清楚了，才能再谈管理他们的话题。

说企业管理难，真难，绝非一日之功可以管理好企业。说不难，也真的不难。你把人摸透了，也就可以管理好企业了。当然，这是建立在管理者具备管理能力、管理智慧、管理艺术的前提下说的。

当下所流行的"人性化管理"，虽说我反对这样的提法，但我并不反对尊重个人需求的基本原则。既然无法改变，就应该去尊重它，然后根据可能去发挥个人的强项、优势，让个人愿望与企业需要产生重叠，形成共振，以达到放大潜能、提升效率的目的，这才是人性化管理的目的，而不是为了"人性化"而人性化。

人，企业人，企业人性化，企业人性化管理。四个相关而完全独立的词句，说相关，因为前一个是后一个的基础，后一个是前一个的升华。说独立，是因为它们各自有着独立完整的意义，并不是唯有"升华"后才能有独立完整的意义。

真要说透这四个词，太费心思，不适合我。只能说说而已，浅尝辄止。因为我是企业人，喜欢把复杂的事情 简单化。而能把简单的事情复杂化，那是专家的、教授的思维方式。

先说人。是不是人？要是按照生物分类学来说，也许是很容易区分。问题在于现实远比想象的复杂多了。特别是在当下的社会上，照搬生物分类学的标准，很难下定论：是人？不是人？由于改革开放带来的副产品：一群信仰破灭、道德缺乏、欲望膨胀的人。这样的人，形是人，言行不是人。打父亲的、杀母亲的人就不用说了，见死不救的，见利忘义的，这样的人还是人吗？还有那些明知不该为而为、明知该为而不为的人，虽说外形是人，但内心不是人的人，能把他当人看待吗？对这样不是人的人谈人性，最终谈出来的只能是非人性！

再说企业人。企业人，远比人的要求高多了。人，可以是人，未必一定是企业人。企业人不但需要具备人的条件，还要能够满足企业的特殊化要求，否则就不是真正的企业人。怎么样界定企业人的特殊化要求呢？企业与企业不同，岗位与岗位不同，今天与昨天不同，此事与彼事不同，需要满足的特殊化要求也就不同。概括起来说就是：有能力并发自内心的努力，把企业交给你的工作做好，就是企业人！这样的企业人，是企业人性化管理的基础！

再说企业人性化。把人当人看，虽难不难，有心即可。把企业当人看，真的很难很难。新办的企业就像是新生的婴儿，需要员工投入身心，股东提供营养，社区辅助环境，共同哺养好它，确保企业健康成长。等到企业长大了，成熟了，企业也就能反哺员工工资、奖金、尊严、自信、能力、爱情、友谊；反哺股东红利、资产增值；反哺社区税收、捐赠。

由此可见，企业不只是股东的。企业首先是所有企业人的，其次是这个社区的，最后才是股东的。只有懂得此道理，明白此实质，才能把企业当人看。特别是企业人要把企业当人看，精心呵护，悉心照料，企业这个婴儿才能健康成长。也只有在企业人把企业当人看的前提下，企业的人性化管理才有触摸的基础。

再说企业人性化管理。人性化管理似乎成为时代的潮流，如若有人不识潮流、不能顺应潮流，似乎注定被嘲讽、抛弃。其实，真正懂得人性化管理的又有几人？那些开口必谈人性化管理的人，只不过是站在自己的本性立场发几声感慨罢了！

企业人性化管理是建立在企业的所有人员，必须首先是人——把能做应做的事情做好；而且是真正的企业人——能够满足企业的特殊化要求；所有的企业人，至少核心的中高层团队，是能够视企业为人，把企业当人看，能够全身心地去关心、呵护企业的人！只有满足了以上三个方面的条件，人性化管理才是可行的。

喜欢做喜欢的事情能够激发潜能，这已经不是秘密。可是，企业经营是个系统工程，所有的工作都需要人做，并不能因为不喜欢就放弃某个工作。是企业管理的行家都希望安排既有能力又想干的人去做他自己喜欢干的工作。

问题在于针对现实中的某项具体的工作，一般来说，三种人居多：喜欢做，没能力；有能力，不喜欢做；事实上没能力，而自认为有能力。怎么办？站在企业的角度，只能"先求有，再求好"。作为员工怎么办？也可以遵循"先求有，再求好"的原则，先把能做的事情做好，再谋喜欢的工作。

企业人性化管理的标准是什么？我没有精力查阅专家学者的意见，不敢说定义标准。我以为，合理性化管理就是让员工能够自我决定做什么工作，怎么样做，做到怎么样的程度。

其实，说透了，企业人性化管理是建立在人与人、人与企业之间彼此相互尊重、相互信任、相互理解、相互支持、相互发展的基础之上的游戏规则。是一群聪明能干自觉的人玩的一个情趣游戏。

也就是说，如果说一个企业的员工团队不是由聪明能干自觉的人组成的，还要推行人性化管理，只能是一个自我灭亡的决定！

知足常乐　吉祥如意

要是真的发自内心，有了"健康""平安"就满足了，还会有争权夺利一说吗？

〔原典〕

吉莫吉于知足。

〔释文〕

吉祥幸福在于懂得满足。

〔仲跻和感悟〕

"知足者常乐"，会说的人不少，做到的人不多。劝人时，想到的不少。事临头时，想到的不多。人生在世，幸福、快乐、安详在于知足。这里的知足是心理上的满足，且此满足是相对的，是智慧的满足，并不是绝对的满足。

就说创办新的企业、上新的项目未能成功，损失了几百万元。在我这儿，损失一单是"少挣"了几百万元。而在有的人是"亏损"几百万元。同样是几百万元，"亏损"几百万元，与"少挣"了几百万元，心态就大不相同。好的心情来源于好的心态，好的心态来源于你的评判舍得的标准。

还有，好事不能占全。就像我一样，既想当老板挣钱，又想当副乡长、副书记风光，不遭人妒忌，天理不公。这样想，我辞掉公务员，也就是顺理成章的事。退休后没有公务员的退休工资，更是应该的，有什么值得纠结的呢？！

2012年春节培训时，我要求员工从"健康""平安""金钱""晋升"等十个方面选择最重要的两个方面，结果约有70%的人选择"健康""平安"。而事实上呢？奖金、工资真的不重要吗？马斯洛理论告诉我，人处在不同的时期会有不同的需求，其实有些员工只是碍于面子、氛围，不好意思说出来罢了。

要是真的发自内心，有了"健康""平安"就满足了，还会有争权夺利一说吗？

贪欲无边　多愿必祸

都是"贪""嗔""痴"所害。

〔原典〕

苦莫苦于多愿。

〔释文〕

人生之苦皆源自欲望太多，贪婪过度，什么是辛苦？辛苦就是心苦。

〔仲跻和感悟〕

痛苦，烦恼，在于愿望、理想、追求太多。

钱、权、势、色，样样都好。样样都要，就未必好。说是如此说，事到临头，就未必能明白。这也难怪。钱也好，权也罢，色也是，哪样都能迷人至痴。有了百万，想千万，有了千万，想亿万。其实，钱不用，放在银行里，与没钱有什么不同？但就是想不开，想不通。

想当初，爱人跟我说："存够一万元，我就不管你花钱。"等存够一万元，她又说："存够两万元，说不管就不管了。"当存了两万元时，她又说："存够十万元，真的不管你。"可存够十万元时，又说："不管存多少，都不能乱花。""不能乱花"才是最根本的吩咐与要求。

在《出奇制胜 随机变通》一文中我提到的创业者处理公司分裂的事情上，就是一个很好的例子——那位创业者不就是是为了账户上那几百万现金，给自己招来了无数的烦恼吗？要是当时能坚持自己的观点，不违心地迁就，也许事情早就解决了。到后来是骑虎难下，退又不愿，进又困难，这正是"苦莫苦于多愿"的真实写照。

虽说大家都知道，人最需要的是健康。已经有了，还要去计较、在乎那么多名利、地位、金钱、美色、玩物干什么呢？都是"贪""嗔""痴"所害。

悲于精散　哀于心死

精、气、神，人生三宝。精化气，气化神。精散、气散、神散，人有此三散，还有什么？

〔原典〕

悲莫悲于精散。

〔释文〕

悲哀是一种情绪，十分悲哀，身体里的气就被大量地消耗掉了。

〔仲跻和感悟〕

精、气、神，人生三宝。精化气，气化神。精散、气散、神散，人有此三散，还有什么？唯悲伤了。由此，想起父亲临终前的时候，由于久病缠身，精耗尽了，气没了，神也没了，就像一棵树一样，耗尽了营养，慢慢枯萎了，神仙也难有回天之力挽留父亲的生命。

企业也是人，同样也有精、气、神。精，实力。气，状态。神，价值。有实力，才会有好的状态。有好的价值，才能发挥出好的状态。其实，企业管理的核心就是聚集企业的精气神，让企业保持好的状态。

天有常理　遵循规律

企业要想长青，就要遵循规律行事。

〔原典〕

病莫病于无常。

〔释文〕

事物没有发生根本变化之前，都有自身的规律。做事做人，必须遵循规律，打破它，就要犯错误，就要受到惩罚。

〔仲跻和感悟〕

一切皆有规律，不按规律办事，就要出问题。就好像人生病一样。什么是生病？就是生理规律被打破了，"无常"了，没有规律了。

猫的职责是抓老鼠，但如果把猫喂得很饱，它就不去抓老鼠了，猫还是猫吗？就企业来说，员工要各司其职，企业经营才能不出问题。如果说其中某个人失职了，工作也就脱节了，不能正常运营了。

企业管理是个系统工程，只有各部门紧密配合，各个员工充分发挥作用，企业才能正常运转。

技术人员管解决技术问题，支持生产需要、销售需要。质量人员控制品质，把关品质。生产人员负责按时保质完成生产营销部需要的产品。计划员要按需要采购，按需要安排生产计划。各司其职，缺一不可！

我曾在员工会上说："企业就像一部汽车，是宝马？还是起亚？全靠各个零件本身的质量与相互配合，不能很好地配合，总是在发挥作用时出问题，就只能是起亚了。"

为什么企业不能长青？生病了，出问题了，而且没有找到病因，也就得不到医治，只能死了。如此，企业要想长青，就要遵循规律行事，经常性地检讨战略、策略。员工要想不被企业淘汰，需要检讨自己是不是被企业需要，能不能适应企业需要。

取财有道　切勿苟得

"君子爱财，取之有道"，此"道"为应该。何为应该？合情、合理、合法。

〔原典〕

短莫短于苟得。

〔释文〕

使用不光彩、不正大光明的手段，得到了不该得到的东西，不该得到的东西是不可能长久属于你的。

〔仲跻和感悟〕

苟：不当，苟得，不当的得。"君子爱财，取之有道"，此"道"为应该。何为应该？合情、合理、合法。爱人常说："不出力的钱，不经用。"仔细想来，就是"短莫短于苟得"的翻版。还有"偷不穷，顾不发"，即说的是被人偷的人没有被偷穷的，靠吃救济的人也没有发财的。

谁都希望工资多一些，奖金多一些，可如果你创造的价值不值得的话，这样的工资、奖金能拿长久吗？企业用人，要么挣钱，要么省钱。如果说你挣的钱没有企业发给你的工资、奖金多，挣的钱更没有满足企业对你这个岗位的要求，你也就没有了存在的必要。

企业用人支付报酬有规律，员工创造的价值的 5%—20% 作为个人或团队的人力报酬。如果违背了这个规律，其结果可想而知，要么企业完蛋，要么人完蛋。只是有"当下报"与"日后报"的不同罢了。

贪婪鄙陋　内心阴暗

> 心理阴暗者，必贪鄙；贪鄙者，心理定阴暗。

〔原典〕

幽莫幽于贪鄙。

〔释文〕

令人鄙视的人性就是贪婪，一个贪心不足的人品德鄙陋、目光短浅、心灵幽暗，事业也是没有前途的。

〔仲跻和感悟〕

心理阴暗者，必贪鄙；贪鄙者，心理定阴暗。小时候常听人说"做贼人，防贼人，偷汉的婆娘防别人"，讲的就是此理。

有的人，不看人家的工作，只看人家的报酬，所以总感到自己"委屈"、不如意，结果是自己痛苦，他人也不愉快。

其实，生活快乐靠自己，而不在他人或外界之如何影响或干扰。有一对老夫妇，生养了两个女儿。大女儿卖伞，雨天生意特别好。二女儿卖盐，晴天生意特别好。丈夫天天乐哈哈的，晴天为二女儿高兴，雨天为大女儿高兴。而妻子却刚好相反，晴天为大女儿担忧，雨天为二女儿担忧，整天都是愁啊愁。其实，只要心中有阳光，想不快乐都难。

明朝的严嵩，清朝的和珅，权高、位重、钱多，到头来还是未能善终。为什么就不能引以为戒呢？我认为核心还是个人修养问题。需炼心、修心、养心。

狂妄自大　孤家寡人

孤者自孤。

〔原典〕

孤莫孤于自恃。

〔释文〕

自骄自傲的结果是使自己成为孤家寡人。老子天下第一，看不见别人的长处，听不见别人的意见，别人就会离他而去，失败就不远了。

〔仲跻和感悟〕

说的是孤者自孤，"高处不胜寒"。项羽比刘邦能征善战，而项羽却败于刘邦，就是在于项羽自恃，听不进他人的意见。

在企业，老板没有朋友，更不要说"知音""知己""知心"，连一般可以说说话的人也难有。其实，这也是正常的。老板有苦衷，员工也有苦衷。是老板的"恃"身份，放不下身份？还是企业老板就是一个自孤的老板？我以为两个因素都有。当然还有兴趣、爱好、经历的差异，在一起没话说，彼此都不自在。久而久之，也就不愿在一起了。这样的自孤是自然的、合情合理的。更何况，孤也未必不好，可以有更多的时间来思考应该思考的问题，让人生有把握，少走弯路。

辩证用疑　知人胜任

知疑是能力，用疑是胆量。信疑是艺术，不疑是愿望。

〔原典〕

危莫危于任疑。

〔释文〕

委以重任而疑心重重，这是管理者的大忌，被用者处处小心，任用者时时提防，君臣主仆不一心，那是十分危险的。

〔仲跻和感悟〕

俗语常说：疑人不用，用人不疑。但在现实中，疑与用是一体两面，并不是用与不用这么简单，需要智慧。

这个社会，人与人之间，百分之百信任的少，怎么办？如果采取"疑人不用，用人不疑"的用人策略，那将无人可用，结果只能与项羽一样，一事无成，"无颜见江东父老"。

唯有解决好疑与用的问题，才能有用不完的人。知疑是能力，用疑是胆量。信疑是艺术，不疑是愿望。

企业只有遵循"用人要疑，疑人要用"的用人原则，否则就无人可用。不疑，事实说话，用了才知道。这个社会，不能用制度试验人的道德底线，否则一定会被现实打击。当疑，制度说话，等发现了问题、造成了损失就晚了。

企业设置一个监审部门，就是贯彻企业用人原则的最好体现。既注重事先的预防，更注重事中的监察与事后的审计，企业的团队在这样的制度设计下工作，想被"疑"也不敢。

私欲太盛　行之必败

如果说，一个领导者，把金钱、信用、感情、认同视为宝贝，爱不释手，舍不得与团队成员分享。结果只能是一个孤家寡人，说话没人听，办事没人帮忙，最终结局只能是失败。

〔原典〕

败莫败于多私。

〔释文〕

一个极端自私自利的人必然失败。因为从人性的角度看，"无私"的人实际上是不存在的，"多私"的人必然遭到别人反感，人人讨厌的人能不失败吗？正如老子所说的："夫能不私，故能成其私。"

〔仲跻和感悟〕

多私：自私，严重的自私。如果说一个领导者除了不要领导者的责任，其他什么都要，就铁定没法当好领导。

一个领导者，没有号召力，是因为人家没有看到你带给他们的希望：利益；信用；感情；认同。

金钱是粘合剂，把想得利的人粘在一起。

信用是纽带，把有信用的人系在一起。

感情是磁场，把讲感情的人吸附在一起。

认同是诺亚方舟，把彼此认同的人带到神圣的世界。

◎ 败莫败于多私

如果说，一个领导者，把金钱、信用、感情、认同视为宝贝，爱不释手，舍不得与团队成员分享，结果只能是一个孤家寡人，说话没人听，办事没人帮忙，最终结局只能是失败。

更重要的是还有个责任问题，领导不敢担责，发生问题总把责任推给自己的下属。这样的领导，肯定是没有威信的领导，是说话没人听的领导，是注定做不成大事的领导。

按照企业管理的原则，你的直接下属是向你负责，完成你布置的工作。如果说下属未能完成，要么是能力问题，不能胜任你布置的工作；要么工作本身是个不可达成的目标。无论哪一点，都是领导者的责任。而领导者推给下属，只能是个失败的领导。

回首在企业的经历，我既为自己用人不当而自责，更为被我错用的人可惜。我习惯了给人机会，让人有施展才能的机会，可结果呢？人本性的一面在权力影响下得到了快速的自我暴露，而企业需要的一面则被本性的一面所掩盖。能力问题，可以培养，可以提升。"多私"是品质问题，而品质问题则是致命的。当品质发生问题时，我只能忍痛割爱，"挥泪斩马谡"了。

遵义章

所谓『遵义』，就是为人处世、成就功名事业所必须遵循的某些规则或者规律。

本章总结了中国历史上四十六种可能给自己带来灾祸的行为，也就是人生在世应该注意的一些方面。注意到，并能够做到，就可以让人舒服。唯有让人舒服，才能成就自己。

这一章可以说是教你一些与人交往时感到舒心的技巧。

回首过去，放眼现在，『让人舒服』是我非常欠缺的地方。但愿《素书》的智慧能够影响我、改变我。再不改，来不及，都是『奔七』的人了。

大智若愚　内明外晦

　　　　领导者比被领导者聪明能干是本分，在被领导者面前炫耀聪明
能干是丢分。

〔原典〕

　　以明示下者暗。

〔释文〕

　　在下级面前展现自己聪明才智的领导人是愚蠢的。

〔仲跻和感悟〕

　　逞己之能，害人害己。在被领导者面前炫耀自己的聪明才智是愚蠢的。

　　领导者比被领导者聪明能干是本分，在被领导者面前炫耀聪明能干是
丢分。

　　距离产生美，神秘生敬畏。炫耀等于是把仅有的一点儿能耐暴露无遗，

到了关键时刻没了撒手锏，怎么能体现领导者的能力？

特别在开会讨论时，领导需要多听，从中吸取有用的。哪怕只有一句，也是收获。千万不要喋喋不休，自顾自说。正如"见高人要高明，见小人要精明"一样，高明在"是！是！"，精明在"哦！哦！"

我有一个好友，当时他还在迅达当一个部门经理，他问我怎样才能听到真话而又能不被左右，我说："开会时，只听不说或少说，能不说，尽量不说，实在要说，也只说原则、大概。"后来半年后，他告诉我："你说的真管用，我现在真的可以把会开好，并听到真话了。"

再说领导者能耐大，被领导者就会畏首畏尾、缺乏主动，结果会"闲坏太监、累死皇帝"。也是得不偿失。成语"大智若愚""内明外晦""难得糊涂"等似乎是从另一面说明了同样的道理。

知错能改　善莫大焉

知道自己错了，不努力改变，不可原谅。不知错是能力问题。明知故犯、知错不改是品行问题。

〔原典〕

有过不知者蔽。

〔释文〕

有了过错而不自知的人，是最愚蠢的人。如果将错误掩藏起来，那就更可怜了。

〔仲跻和感悟〕

苟错不知，败亡之患。有了错误，而不知道，是愚笨的，也是最可怕的。

是不是错误，是相对的。同样的一件事、一句话，是不是错误，不同的人，有不同的答案。同一个人，不同的时候，也会有不同的答案。有了错误，可以理解，"不知者不罪"。知道自己错了，不努力改变，不可原谅。不知错是能力问题。明知故犯、知错不改是品行问题。话虽如此，但也有些错是明摆的。一千年，一万年都是错，这样的错更容易犯。

错误有三个层次：想错；说错；做错。先有想错，再有说错、做错。想在心，心里想什么，不说的话，唯有自己知道。第一关是能够纠正心的错，不该有的，就从心里丢掉它，不让它有跳出来的机会；第二关是防止嘴巴出错，不要说错话。说话伤人，流血不见痕，用我们家乡话就是"冬天喝凉水，滴滴在心头"。发现说错话了，要敢于承担责任，立马改正错误，赔礼道歉；第三关是杜绝做错。三错的后果以做错为重，改正错误的成本也最大。

有些错是不可以原谅的，也就是原则性的错误。而犯了原则性错误，还不承认就更可怕了。不承认就谈不上改正错误。更有可能还会继续犯错误，这是人生之大忌，经营企业亦是如此。

迷途知返　止损不惑

痴迷不悟，丧志丧德。

〔原典〕

迷而不返者惑。

〔释文〕

大千世界常常让人迷惑，成天被多欲多念迷惑所左右的人就像处于迷魂阵中而不能自拔。

〔仲跻和感悟〕

痴迷不悟，丧志丧德。痴迷不悟的人是糊涂虫一个。

痴迷不改，失志失德。用我平时的话："可以喜，但不能好。"人生在世诱惑太多，有些不可避免，但更多的是可以避免的，一切源于自己的理想追求。

迷于局，智慧不够。面对眼前发生的一切，不知道真实的前因后果，以为"眼见为实"，"亲眼所见还能假？"其实，你看到的未必是事实。

迷于物，定性不够。字画、古董、象牙工艺品、红木家具、纪念品皆有好，为了"好"而迷，丢掉人的理想与追求，这些字画、古董、象牙工艺品、红木家具、纪念品还能属于你吗？

美女，人人喜欢，那美女喜欢什么？一切因交换而存在。拿什么去与喜欢的美女交换？工作创造价值。不能好好工作就会丢掉了工作，没有了工作也就没有价值，没有了价值拿什么与美女交换？权力、颜值，你有吗？

迷于己，理性不够。自我陶醉、自我膨胀、自以为是、利令智昏，其实就是自掘坟墓。越是觉得没人能够管得了自己，就越要小心谨慎、如履薄冰。

前些日子，有个朋友退休了，他在饭桌上说：这下好了，我也不管人，人也不管我，一身轻松了。我说：未必，管你的人更多了，需要你管人也更多了，活在这个世上，人人都可以管你，人人都需要你管。是不是？特别是在当前疫情横行的时候，更需要自己管好自己，疫情无情，人有情。你关心他人，就是关心自己，不让他人传染到你，就是为社会，为国家作贡献。这是法律要求，更是道德约束，品行体现。

皇帝归谁管？太监、宫女、皇后、皇族，还有法律、社稷，更何况是当今社会的一个凡人。能够管住我们的有法律、制度、规定、公约、民俗，还有良心、道德、追求、理想、职责。

谨言慎行　祸不自口

当说则说、不当说则不说、尽量不说。

〔原典〕

以言取怨者祸。

〔释文〕

说话不慎引起人怨恨的人，往往给自己招来祸害。

〔仲跻和感悟〕

言称人非，自毁之象。也就是人们常说的"祸从口出"。

◎ 以言取怨者祸

谨言慎行、"沉默是金""酒香不怕巷子深""皇帝的女儿不愁嫁""少说两句，人不把你当呆子"。历史走进今天，这一切似乎是过时了，其实不然。还有"不表态是最好的表态""不争论是最好的争论""行而不说，先机在我"。如果说能够做到当说则说、不当说则不说、尽量不说，也就更为恰当。

　　特别是作为企业的一把手，或者说老板，千万不可在员工、家人面前图一时嘴快乐。员工好说还好，"你说你的，我当没听见"，如果说遇上一个脾气暴躁的，说不定当场闹起来，让你下不来台。还有更损的人，会用更阴损的招来报复你，让你有损，都不知道是因为什么原因造成的。甚至于会让你的家人有生命之忧，让你有性命之忧。

　　汉末的蔡邕只因在不恰当的场合、不恰当的时候，叹了一口气而丢掉性命的教训流传至今，还在提醒着有心人，不要说错话、开错口、叹错气，生活中那些不切实际的无中生有、颠倒黑白的夸夸其谈，更要引以为戒。

　　工作如此，家庭生活也是如此。为了一点儿不痛快，就要唠唠叨叨、前五百年后五百年算旧账，话是越说越多，矛盾也就越来越大，从而引起更大的不痛快。与其如此，还不如一开始就坦然一笑，PK掉容易引起更大的不痛快的话题。说些开心的事情，至少也是感兴趣的话题。

　　家庭是个不需要讲理的地方，有什么必要去争辩呢？你说我不好，日子久了，你就知道了。虽说道歉可能晚些，可又有什么，人生几十年，等几天又有什么呢。

口心不一　其事必废

口是心非，难成大事。

〔原典〕

令与心乖者废。

〔释文〕

命令的制定要顺民心民意，命令的执行要出于真心实意，如果二者相悖，万事难成。

〔仲跻和感悟〕

口是心非，难成大事。"己所不欲，勿施于人"说的当是此意。

有人说："做人做到一定程度，也就没人管了。"说没人管，也许是一种表象。事实上怎能没人管呢？我尚且有理性我、情感我、理想我、现实我之别，至少也还有理性我、理想我管情感我、现实我，还有道德、道义、信仰、主义的公德约束。

是不是口是心非？是不是可以信任？关键在于是不是出于公心，是不是以身作则，是不是说到做到，是正常现象，还是偶尔为之？唯有得到肯定的答案，才能不"废"。如果说发现自己说话没人听，就要拷问自己是不是说话算数的人，自己说的话是不是出于公心？

说话没人听，确实有些不好受。但真要想明白了，也就好受些了。有些人天生就有反骨，就不听人的话，更有可能是嘴上说听，心里不听，行动上更不听。怎么办？能换就换，累了，不能换就忍了、罢了，你心里知道就好！至少可以晾在一边，让他自觉无趣，让时间说话。

朝令夕改　自毁威权

　　作为领导者，最忌讳的就是朝令夕改、变来变去，弄得被领导者无所适从。

〔原典〕

　　后令缪前者毁。

〔释文〕

　　朝令夕改，变来变去，弄得执行的人无所适从，自毁事业。

〔仲跻和感悟〕

　　朝令夕改，自毁威权。作为领导者，最忌讳的就是朝令夕改、变来变去，弄得被领导者无所适从，不知道该听那一次的话，进而怀疑领导者的能力与权威。

　　没了权威，说话就没人听，执行力也就会出现问题。机不可失、时不再来，错过了执行的时间，再正确的决定，也将是错误的决定。

事定了，就要执行。不要再瞻前顾后。事没定，就要赶快定。定了，心才能安，才便于行动。至于结果，就要有担当。自己决定的结果自己承担。是祸是福都是我的。拥有这样的气度与胸怀才能当领导。

不怒自威　亲而难犯

　　作为领导者，最好能够被人尊敬、崇拜、仰慕，不怒而威。至
少也要能够令人产生惧怕、担忧的心理，怒而威。最不能容忍的是
怒而不威，说话等于空气，磨破了嘴皮也没人听。

〔原典〕

　　怒而无威者犯。

〔释文〕

　　有的领导人经常发怒，以为怒就是威，结果弄得一点威都没有，以下
犯上的事越来越多。威信，威是建立在信的基础上的，怒只能损威。

〔仲跻和感悟〕

　　发怒无威，难当统帅。好领导，不怒自威。

　　领导者希望自己有足够的威信，能够说一不二、备受敬仰。而事实上有

的领导者经常发怒，却没人怕他。这样的领导者就有了问题，以下犯上的事情就会越来越多。没有执行力，怎样完成任务，怎样实现目标？

作为领导者，最好能够被人尊敬、崇拜、仰慕，不怒而威。至少也要能够令人产生惧怕、担忧的心理，怒而威。最不能容忍的是怒而不威，说话等于空气，磨破了嘴皮也没人听。

就是当父母也是一样，子女不听自己的，原因很多。要想说话有人听，首先是话要正确、占理、恰当。二是你有说这个话的资格与权力，"名正言顺"。三是说话不听的后果要明确，并确保兑现。做到了这三点，就不会"怒而无威"了，也就有人听了。

为什么现在有的领导说话没人听？就是视制度、流程、规范为儿戏，随性而为，自身不硬。不是没能力发现问题，而是发现问题不敢处置，让人认为"可欺"，视为"病猫"而不是老虎。

当众伤人　恐取祸殃

"打人，不打脸"，"骂人，不揭短"。

〔原典〕

好众辱人者殃。

〔释文〕

领导人要懂得尊重别人，喜欢在大庭广众之下侮辱别人的人必然会给自己带来祸害。

〔仲跻和感悟〕

当众伤人，恐取其辱。社会上有些口语也是说的此意。"打人，不打脸"，"骂人，不揭短"，"棒打皮痛，话骂心痛"。三国时候的祢衡恶语伤人成习惯，因此丢了性命。

隔壁原新生乡就发生过一件事。女婿、女儿淘气，女儿住到娘家，就因丈母娘骂女婿一句："你还有脸来接她回去？"结果断送了四条人命。

孩子吵架，做父母的应该劝一劝，而不是火上浇油，拉偏架。吵架，双方都应有责任。差别是先与后，轻与重，多与少之别。为解决问题，要么不管，听之任之，也胜过拉偏架。要么仔细查证，找到真实原因，再用艺术的方式处理，才是正确的。

《素书》，智慧之书。做人的智慧是基础，人做好了，才可谈做事。做事有两种：为己做事，当老板；为人做事，当职业经理人、当公务员。无论是为人做事，还是为己做事，都需要《素书》的智慧。

《素书》的智慧，可以治好令你头疼的毛病。算得上是灵丹妙药。灵丹妙药治病，关键在对症下药。药，有药性，有药理，要对症。智慧也有性，有虚、实、寒、热之别。真缺是实，超过为虚，真缺是寒，超过是热。也有配伍并用，效果更好。不是单味使用效果好，需对症配伍。

《素书》，读，再读，又读，次次都能有新的感受、启迪，让人回肠荡气。

尊重下属　用人不疑

人格上尊重任用者，制度上规范任用者，才是明智之举。

〔原典〕

戮辱所任者危。

〔释文〕

领导者迫害、侮辱自己所用的人，自身也就陷入危害之中。

〔仲跻和感悟〕

疑辱高管，殃及自己。用人的问题是老问题，也是新问题。能用对一个人，未必做到用对所有人。诸葛亮是智慧的代表，用对了赵云、张飞、关羽，却用错了马谡。用对了一次人，未必做到所有的时候用对人。张飞被杀是谁的错？张飞自己的错，也可以说得过去，但从严格意义上说是诸葛亮的错。错用了张飞，才会让张飞被杀。人是会随着时光流逝而不断改变的，如果说不能清楚地知晓人之短长，以及拟任岗位的要求，便会犯诸葛亮用马谡守街亭之类的错误。

"用人不疑，疑人不用。"此话有一定道理。历史上的岳飞、袁崇焕之所以被陷害，全是"疑"的原因，结果是朝廷因疑大臣、重臣而被断送了。在自我欲望膨胀、道德观念缺失的今天，似乎是有点儿欠妥。特别是在外资企业当总经理一年，深切感受到"用人不疑，疑人不用"欠妥当。

有疑不可怕，可怕的是用"疑心"来防"疑"。担当重任的人，辛辛苦苦拼搏工作得不到信任，还要经常性地被无端猜疑，是很可怕的事情。唯有用制度、规定来防"疑"，让被疑的人与疑人的人遵守同样的游戏规则，受到同样的规章制度的约束，才是上策。就像跨国公司的企业管理运用分权、制度、流程的手段，确保企业经营不会因为个人的因素而遭受致命打击。

当然，分权、制度、流程不是万能的灵丹妙药，需要巧用我国传统的智慧加以不断改进，以适应实际需要。过分强调分权、制度、流程，会有伤所任者的积极性。只有在充分发挥所任者主观能动性的前提下，充分尊重所任者人格意愿的基础上的分权、制度、流程，才是企业管理所需要的。

总之，人格上尊重任用者，制度上规范任用者，是明智之举。

当敬不敬　祸害无穷

如果说对该敬畏的缺失了敬畏心，必然会心生怠慢、轻蔑、放肆、邪恶、虚伪、鲁莽。

〔原典〕

慢其所敬者凶。

〔释文〕

敬畏使人谦恭，使人心胸开阔。怠慢该敬的人，轻视自然法则，必然遭受祸殃。

〔仲跻和感悟〕

当敬不敬，祸患无穷。孔子说："君子有三畏：畏天命，畏小人，畏圣人之言。"天命就是道家的道，佛教的经，儒家的礼，是人力不可能改变的规律；小人即芸芸众生，似水之多之平之静，水能载舟亦可覆舟；圣人就是古代的先贤，代表着经过实践证明是真理的智慧的化身。除此三畏之外，还有自然规律、父母、老师、朋友、同事、同学、制度、流程、决定，以及一切有恩于我们的人、事、物，都要怀抱敬畏之心对待。

如果说对该敬畏的缺失了敬畏心，必然会心生怠慢、轻蔑、放肆、邪恶、虚伪、鲁莽。无论是对身边的人、重用的人、有恩的人、有求的人，还是对远离的人、限制的人、有仇的人、有需的人，只要心生怠慢、轻蔑，必然会产生放肆、邪恶、虚伪、鲁莽的言行。倘若如此，能不让人恶心、生怒吗？恶心后还有激情吗？生怒，哪里还能智慧管理企业？如此，能不招来祸患吗？

人类对自然界的轻蔑，已经招来了沙尘暴、猪流感，还有干旱、洪涝的报复；对传统观念的轻蔑，已经招来了人伦的丧失、道德的败坏、风气的毒化。"为什么白毛女不嫁黄世仁？"多么可怕的提问。

貌合神离　一盘散沙

领导者最大的悲哀就是领导的团队貌合神离、同床异梦、阳奉阴违。

〔原典〕

貌合心离者孤。

〔释文〕

一个团队最大的悲哀就是貌合神离，同床异梦，各打各的小算盘。团队一盘散沙，没有力量，没有希望。

〔仲跻和感悟〕

同床异梦，合力难成。

领导者最大的悲哀就是领导的团队貌合神离、同床异梦、阳奉阴违。团队成员各人都有自己的小算盘，将领导者交代的任务视为儿戏，把领导者说的话当作耳边风。这样的领导者必然是觉得势孤力单，工作特别的费神。如果说此种现象长期存在的话，领导不只是孤家寡人，还是个失败者，官命不久的官。

团队为什么会出现貌合神离、同床异梦、阳奉阴违的现象？主要原因当然在领导者。是不是制定了所有人认可的切实可行的游戏规则？是不是带头遵守游戏规则？是不是兑现了自己的诺言？是不是在人格方面出现问题？多从领导者自身找原因，主动担当起自己本该担当的责任，是杜绝貌合神离、同床异梦、阳奉阴违现象的根本出路。至于除此之外的原因出现貌合神离、同床异梦、阳奉阴违的现象，也要弄清根本原因，并果断采取措施，本着尊重客观事实的原则，及时纠正存在的问题。

领导不信任怎么办，那就拜拜。与其不支持自己干，还不如不干。就像当年，我在外企当总经理一样，既然不信任我，我还不想干呢。

忠君直谏　小人进谗

远谏迎谗，危险降临。近小人，远君子，败亡不远。

〔原典〕

亲谗远忠者亡。

〔释文〕

谗言是小人的专利，忠直是君子的墓碑。身为领导者如果亲谗远忠，没有不失败的。

〔仲跻和感悟〕

远谏迎谗，危险降临。近小人，远君子，败亡不远。

进谗言、说好话是小人的特长，这一点谁都明白，但就是难以做到不听信谗言、不听信好话。爱人曾经对我说过："纪晓岚你要有，而且要重用，和珅也要有，但要记得他是'和珅'。"此话听进去了，且记住了，而且会在关键时刻想起这句话来。特别是在发现有人透过揽功的时候，有人在我面前说别人"这也不是""那也不行"的时候，总能想起这句话。但就是在我面前说我的好话恭维我的时候，觉得好为难哟，"难拂情面"。

企业经营很难。没人，不行。有人没能力，不行。有了能力，不能齐心协力，更不行。无论是当老板，自己为自己做事，还是做职业经理人，为别人做事，如果不能得到一帮君子齐心协力，一起拼搏，就无从谈起事业与理想。要想有事业，要想实现理想，首先要从自己做起，懂得如何做人，如何对待人，如何做事，才能近君子，远小人，才能有一帮志同道合的人与你共事。

说是这样，做到好难。回顾一生，也有没有做到的时候。这也是经营企业几十年，未能把企业做大的根本原因。因疑心太重，错失过进军房地产业的机会。当时，只需要投资五百万，就可以注册房地产公司，接项目、搞开发。因"慢其所敬者"错失过在铁路进一步发展的机会。因"迷而不返者"错失过在部队发展的机会。要是当时能听人劝告，投入三百万买一套相关的图纸，那么现在的企业又将是另一番景象。人生能有几个机会，我错失了四次。特别是因不会英语又未能发自内心地尊重会英语的朋友而错失了与外商合作的机会，甚是心痛！心痛！

这也是我一定要把两个女儿送去德国读书的原因所在。让自己未了的心愿由女儿来实现。至少也可以让女儿不再走与自己同样的路，吃同样的亏。

好色者昏　远贤者败

如果既好色，又远贤，那就是败落之患。

〔原典〕

近色远贤者昏。

〔释文〕

亲近女人，疏远贤才，是昏庸的领导者。

〔仲跻和感悟〕

重色轻友，败亡之患。好色者昏，远贤者败。

孟子说："食色性也。"色是人的天性之一，与吃饭一样难以拒绝。既然如此，"色"也就要像"食"一样，要综合性考虑到营养、适宜、可能、情理。既不能暴饮暴食、饥不择食，也不能废寝忘食，关键在于把握一个度。如果说为了"色"，不择手段、不管不顾，像商纣王为宠爱妲己、李自成部将刘宗敏抢陈圆圆，其结果可想而知。国王，断送江山；老板，断送企业。

也许只是好色，还不至于败亡。如果既好色，又远贤，那就是败落之患。同是商纣王，如果说在宠爱妲己的同时能够亲近比干、箕子、微子，听从他们的劝告，重用他们料理朝政，也许历史就要改写了。可悲的是好色者十之九远贤，而且几乎是怕贤、害贤。由此可见，好色是多么的可怕。现如今，放眼落马的贪官，不知道是先好色，还是先贪婪，总之，贪官与情人像连体婴儿一样难舍难分。

放眼身边，一些企业之所以昙花一现，也是缘于有太多花边新闻，不只是精力有限，无暇顾及企业之经营，更有体力不支，难以为继之忧，救急如救火，等你卿卿我我完了，再来理事，火势蔓延已难以抢救了。

随着企业规模的壮大，企业的需要，面对的人越来越多，面临的风险也越来越大。洁身自好不只是品质需要，更是身为老板的自我要求与追求企业发展的必备条件。

◎ 近色远贤者昏

后宫参政　朝纲必乱

内戚参政，祸患之源。

〔原典〕

女谒公行者乱。

〔释文〕

女人干预朝政，朝政就乱了，国家也乱了。

〔仲跻和感悟〕

内戚参政，祸患之源。

也许是受此影响太深，我特别忌讳这个问题。历朝历代的"内戚"以及企业的"内戚"的故事太多太多。唐代的太平公主、清朝的西太后，都是不可忘的教训。作为男人，与听信爱人之言的男人打交道有多难，我有着刻骨铭心的体会。反过来说，如果说是女士主政，作为"内戚"的男人也同样不可"参政"。反对"内戚"参政的主要原因：一是对情况的了解存在着不全面；二是更多地站在自身以为的角度考虑问题，至少也是从自己的角度考虑问题，而不是站在对方的角度考虑问题；三是意见不容易统一，释放不同的信息让团队成员无所适从，不知道听谁的好。

我自始至终，不同意爱人参与企业经营，正是出于此种考虑。为此，被爱人质难过无数次。爱人至今仍放不下，时不时被爱人数落。特别是随着企业规模的壮大，让职业经理人发挥作用是方向，更是必然。

作为家人不是不可以参与企业经营，只能是职业经理人的身份，而不是"内戚"的身份。重要的是一般人难以做到这样的身份。

我有过两次经历，因合作方在谈好后，又莫名其妙地变卦了。有一次，对方当面打电话，征求夫人意见，我才知道之所以会变卦，是他的夫人不同意谈好的事情，导致合作失败。从此我告诫自己，只要合作方是只听夫人话的人，就不与其谈合作或共事。

◎ 女谒公行者乱

买爵鬻官　动荡腐败

将官位当礼品赠送，当商品买卖，当奖品发放，是君子憎恶且反对的事情。

〔原典〕

私人以官者浮。

〔释文〕

设官任职，必须出于公心。任人唯亲，必然导致政治腐败，社会动荡。

〔仲跻和感悟〕

唯才是举，任人唯贤。

将官位当礼品赠送，当商品买卖，当奖品发放，是君子憎恶且反对的事情。放眼历史几千年，遥望社会几千里，此类现象似飘荡的魂魄附体，总是能够发现有人或明或暗地干着把官位当礼品赠送，当商品买卖、当奖品发放的勾当。无论是政府官员，还是企业老板，如果说从情感出发，"一朝天子，一朝臣"，尚可理解，但如果说"一人得道，鸡犬升天"，就有些说不过去了。

在企业，岗位因需要而存在，人事因能力而决定。岗位不是奖金，而是需要。对企业有贡献，可以给奖金，而不能给岗位，这是原则。如果说因为情感或利益把岗位作为筹码，用了不能胜任的人，设了不需要的岗位，企业不要说发展，生存都会有困难。

以权逞威　其威必颓

我至少知道不与"下"争利、争情、争名。

〔原典〕

凌下取胜者侵。

〔释文〕

以势压人，以权欺人的领导者是不可取的，要人服从，不只是口服，而要心服。

〔仲跻和感悟〕

猫戏老鼠，戏者愚蠢。

猫是老鼠的天敌。老鼠见了猫，已成惊弓之鸟，胆战心惊，随时随地可成为猫的美味，根本上就没有一丝一毫的它想。如果说猫见了老鼠，不是饿虎扑食，而是戏弄一番，自我欣赏一番，可能就给了老鼠逃命的机会。

楚汉相争时的项羽依赖一己之能，赢了刘邦七十二阵，后中埋伏，败于九里山，丧命乌江。其原因很多，我以为根本原因就在于项羽未能抓住机遇一蹴而就，特别是在鸿门宴的时候，不应该猫戏老鼠，结果让刘邦逃过一死。

《孟子》中有："君之视臣如手足，则臣视君如心腹；君之视臣如犬马，则臣视君如国人；君之视臣如土芥，则臣视君如寇仇。"

企业也是一样，老板视同事为手足、为兄弟、为心腹是必然的，更是应该的。至少表面上应如此，然后视实际可能从心上如此。当然这里所说的同事不是所有的同事，而是具有不可替代的同事，为企业做过特殊贡献的同事。

经营企业几十年，是否有过"凌下"之言行，不打诳语：有过。但我至少知道不与"下"争利、争情、争名。比如：只有我请"下"吃饭，只有我给"下"发奖金、送礼品。尽可能满足"下"的愿望，而没有让"下"请我吃饭，给我送礼，更不可与下争情。

如此，才有了企业的今天。

头小帽大　撑不起来

做个凡人，像尘埃一样越轻松越自在，何苦要为名而累、为名而苦哟。

〔原典〕

名不胜实者耗。

〔释文〕

盛名之下，其实难副。弱小的身躯撑不住大帽子，耗尽了精神，被名压趴了。

〔仲跻和感悟〕

人小帽大，难以舒坦。沽名钓誉，不能久远。

是社会的狂热造就了现在的名词贬值？还是名词贬值造就了狂热的现代人？这个问题还是留给专家学者去解答吧。几年前，在朋友家的一次聚餐后的闲聊，至今仍然记忆犹新。也许是出于相互之间太熟悉，经常聚餐，说话也就比较随便。当他再次问我这个菜怎么样？那个菜怎么样？汤又怎么样？我同样说："嗯——还行。""嗯——还可以。""嗯——好。"急得他马上说："在你嘴巴里，'还行'就是好，'好'就是很好。"我说："你知道我满意就可以了。"其实说话的目的就是让听的人明白你的想法，不管用什么样的词，明白意思就可以了。而现在呢？"大师""教授""导师""专家""名记""名人"满天飞，其内在如何？不得而知！

名是责任，不是财产，相应的名，需要有相应的能力来履行责任。如果说有了名，而没能力履行名赋予的责任，得到这个名未必是幸福快乐的事情。小马拉大车，受伤的首先是马。

有一段时间我不得不"用心写作"，而缺失了原来把写作当玩，只是有感而发，一吐为快。结果文章少了，火花被时间磨灭了。写作不再是为了"理""明理""自言自语""悟理"，而是刻意追求"谋篇""造句"。还有一段日子，我总想尽快提高讲课的水平，耗费了不少心血，有时甚至影响了手头的工作。残酷的是收效甚微，我就不是个讲课的料，也不是个写作的料，只是个经略管理企业的凡人。

一个"好男人"，让我辛苦了更多。一场"佛缘"令我"五戒"八年多。"臭鳜鱼"的香味好诱人，写到这，口水都快流下来了。

其实，做个凡人，像尘埃一样越轻松越自在，何苦要为名而累、为名而苦哟。

宽己严人　众叛亲离

像个大哥一样，带领弟妹一起奋斗；像个老母鸡一样，护一群小鸡，为小鸡们遮风挡雨，挡黄鼠狼；像船长一样，为船上所有人负责。

〔原典〕

略己而责人者不治。

〔释文〕

严于律己，宽以待人，领导者尤其值得注意。工作中出了问题，把自己的责任推得一干二净，对别人则用放大镜去看，这个单位肯定搞不好。

〔仲跻和感悟〕

揽功诿过，众叛亲离。

一件事的领导者就是这件事的责任人。团队的成员是为了帮助领导者出主意、想办法、使干劲而存在着，他们通过付出自己的劳动得到约定的报酬，记住是"约定的报酬"，而不是劳动创造的价值。"劳动创造的价值"与"约定的报酬"的差额是领导者的收益。由此可见，团队的成员只对领导者负责，领导者对事负责。事没完成好是领导者的责任，而不是团队成员的责任。

如果说，你觉得自己是块做管理的料、当老板的料，那就要懂得"揽功诿过，众叛亲离"的道理。要有担当，像个大哥一样，带领弟妹一起奋斗；像个老母鸡一样，护一群小鸡，为小鸡们遮风挡雨，挡黄鼠狼；像船长一样，为船上所有人负责。只有这样才具备当管理者、当老板的资格。

如果说领导者将事没能完成好的责任推诿给团队成员，会凉了团队成员的心，觉得跟在这样的领导者后面没劲，说不定什么时候就成了"替罪羊"，还是早点儿远离的好。这样的领导者还能做好什么样的事？

简单扼要的道理好懂，要在实际工作中做到并不容易。现实中总是失败的领导者多，成功的领导者少；有威信的领导者少，说话没人听的领导者多。其根本原因就是领导者怕担当责任。如果怕担当责任，那就不要当领导者，主动申请当团队成员，尽自己能够尽的一份责任，得一份"约定的报酬"。

厚己薄人　孤家寡人

什么好事只想到自己，注定没有"粉丝""追随者"。

〔原典〕

自厚而薄人者弃废。

〔释文〕

享受在前、吃苦在后，对下属利益不闻不问，甚至百般限制，这样的领导一定会被下级唾弃。

〔仲跻和感悟〕

厚己薄人，孤家寡人。

什么好事只想到自己，注定没有"粉丝""追随者"。

俗语说："一家挣钱，百家用。"挣钱只给自己用，就挣不到钱。挣钱只给自己用，也不会是个"有钱人"。就像当官的一样，你当官，不帮我，与我有何关系？你当你的官，我当我的老百姓，"井水不犯河水"，这样的官员不能算是真正的官员。"当官不为民做主，不如回家卖红薯。"

每当年终评选先进、分配奖金的时候，总有人将与之同创业共患难的团队成员丢在脑后，想到的是我拿大头，团队毛毛雨就行了，更谈不上提供过帮助支持的领导朋友，只想到自己独自占据，这样的人注定是孤家寡人。这样的管理者、领导者将会没有未来，没有明天。

如果说还想要有好的发展机遇，有更多的奖金，不一定会有领导、朋友像以前那样无私地帮助与支持。参与的人，也是应付着，让你一个人操心受累。

特别是在尚未解决温饱的时候，生命遇到危险的时候，如果只想到自己，注定会像三国时期的吕布那样，被自己的团队成员断送了生命。

不！准确地说是被自己的"厚己薄人"断送了生命。

赏罚失当　必伤元气

赏功罚过是领导者的法宝。用之适当，激发团队成员的工作责任感与工作热情；用之失当，自然埋下散漫、偷懒、装呆的祸根。

〔原典〕

以过弃功者损。

〔释文〕

赏功罚过是领导者驾驭人的两手，有功不赏，盯着下属的小过错不放，这样的领导没有好结果。

〔仲跻和感悟〕

赏罚失当，必伤元气。

赏功罚过是领导者的法宝。用之适当，激发团队成员的工作责任感与工作热情；用之失当，自然埋下散漫、偷懒、装呆的祸根。小到有事没人做、能推则推、能躲则躲；大到丢掉性命。张飞的命丢在哪里，不是战场，也不是敌人，而是自己的一个属下，原因就是小过重罚，积怨太深。

女儿总是责怪我"太过迁就"。也许是在企业时间长，面子抹不开，顾虑太多。赏多罚少，甚至不罚，皆大欢喜。结果该"赏"的人未赏到位，当罚的人没罚到位，也就是赏罚不到位，赏与罚差距太小，未达到警示的效果。从而造成了企业的散漫习气飘荡，严重制约了员工潜力的发挥，影响了企业效益的提升。浪费了人才，浪费了资源，浪费了机遇，可惜！可惜！这些现象，作为长期在管理岗位上的人一定要引起重视。

我知道这样是不对的，但当遇上具体的人和事又狠不下心来，怎么办？

也许请职业经理人是个好选择。

人的性格天生的，自己知道缺少什么，就一定要想办法找职业经理人来补充自己。

言路疏通　上下齐心

企业只有上下齐心，内外配合，各司其职，才能实现目标。

〔原典〕

群下外异者沦。

〔释文〕

群众有意见不对领导说，或四处宣泄，或向上告状，这个单位就离垮台不远了。

〔仲跻和感悟〕

人人异心，必然败落。

"人心齐，泰山移""众人划桨开大船""众人拾柴火焰高""没有内鬼，引不来外贼"……类似的话还有许多，都是从正面说明人心齐的重要。一个国家，一个社区，一个企业，一个家庭都有着人心的问题。上下离德、左右异心、内外争斗，生存都有问题，也就谈不上发展。

白菜总是从内心坏起，当你发现这个白菜不行的时候，就已经晚了，没有挽救的余地了。一个组织也是这样，怕就怕组织内部的人心发生问题。

一个企业的成败有很多因素。在其他因素确定之后，企业的人心是否齐，特别是上下是否一条心，很关键。也就是说有没有执行力，很关键。

干什么都需要上面决策，下面执行。如果不能上下一条心，上面决策了，下面不听、不执行，或者执行不到位，那上面的决策再好，也是白搭。

反过来说，下面执行力再好，而上面没有正确的决策，同样也不行。就像龟兔赛跑一样，兔跑得快，可结果方向是反的，只会失败。

企业只有上下齐心，内外配合，各司其职，才能实现目标。

用而不任　其情必疏

对能力强、价值观不能认同的人要有限任职，充分授权。对能力一般，价值观认同的人，要充分任职，有限授权。

〔原典〕

既用不任者疏。

〔释文〕

对有真才实学的人，不用可惜，用则担心盖主。于是采用折中的办法，任用而不放权，甚至是设置一些限制。这样的领导者肯定会被所用的人疏远。

〔仲跻和感悟〕

明任暗防，易失将心。

用人的艺术是管理的核心所在。对能力尚可满足需求，而价值观念难以认同的人怎么用？对能力不能满足需求，而价值观念能够认同的人又怎么用？介于两者之间，或者稍微有点儿欠完善的人怎么用？并不是遵循一些书上说的那样简单的道理就能够做到的。怎么办？根据需要。牢记"明任暗防，易失将心"是其中之一的理论。周瑜对诸葛亮与刘表待刘备就是最好的解说。当然，如果需要，反其道而用也是好的。

企业用人更需要讲究艺术。要懂得抓住主要的，兼顾全面的。充分任职，有限授权。或者反其道而行之，充分授权，有限任职。以确保既能发挥人才作用，又不致被人才所伤。回顾几十年来的用人历史，这点很关键。当然，这与"用人不疑、疑人不用"不同，谈的是授实权还是虚权。

对能力强、价值观不能认同的人要有限任职，充分授权。对能力一般，价值观认同的人，要充分任职，有限授权。对介于两者之间的人要视具体岗位决策，是充分授权，还是有限授权？是充分任职，还是有限任职？此一时，彼一时；此一事，彼一事；不可统而言之。

既然用了，就要信任，但同时还要有监督机制，确保实际与理想一致。

重赏而勇　吝赏而怨

在论功行赏的时候，千万不能小肚鸡肠，赏不到位。

〔原典〕

行赏吝色者沮。

〔释文〕

行赏必须赏个够，物质上要丰厚，态度上要真诚。如果小气、脸色又不好看，被赏者必然寒心。

〔仲跻和感悟〕

赏不到位，必起

◎ 行赏吝色者沮

怨离。

为人当大方些，特别是当领导者的，在论功行赏的时候，千万不能小肚鸡肠，赏不到位。否则，不但不能达到行赏的目的，而且会挫伤被赏人的积极性。令被赏的人觉得受到了伤害，产生怨离之心。像项羽那样，把刻好的印章拿在手中转来转去，棱角都磨光了，也舍不得给人家，结果不少人投奔了对手刘邦，自己落得乌江自刎的结局。

何为到位？位在哪里？当然是事先约定，这一点很重要。否则真的是"秀才遇见兵，有理说不清"。要是遇上一个没有自知之明的家伙，觉得比领导者的功劳还要大，把皇帝的位置让给他都不能满足，那就难办了。

赏与被赏永远是天平的两端，只要有一方永不知足，或者有一方吝啬，就永远无法达到平衡。当今社会，人性的贪婪心高度膨胀，什么经济规律，什么管理原则，都被视作儿戏，只想到"我所得到的少了""应该得到的绝不止这些"。

怎么办？赏的人注重事先约定，而且是书面约定，还要签字确认，这很重要。再就是要守信用，承诺了就要做到。

当然，被赏的人也要明事理，一切只有相对，没有绝对，要看长远。吃一时亏，才不会永远吃亏。一定要谨记，没有平台、没有机遇、没有团队，你又是什么？如此，方能赏与被赏找到一个平衡点。其实，被赏的人内心永远难以满足，这不是品质问题，而是人性问题。人的本性决定的。

空头支票　失信招怨

在约定的时候，要考虑到发展的不可控性，尽量少许诺。但如果一经许诺了，一定要兑现自己的诺言。

〔原典〕

多许少与者怨。

〔释文〕

空头支票经常开，或者许诺多，兑现少。这样的领导必招群恨群怨，自己也没有威信，工作很难开展。

〔仲跻和感悟〕

多许少予，徒招怨恨。

诚信是做人的本分，作为领导者更应讲诚信，否则不能服众。

事情的发展有许多不确定的因素，未来如何？只能是预测。为了杜绝多许少予的现象发生，在预测的时候不要太过自信，更不要太过详尽，最好是原则性、方向性的预测，而不是数字化的预测。在约定的时候，要考虑到发展的不可控性，尽量少许诺。但如果一经许诺了，一定要兑现自己的诺言。

诚信比金钱重要。承诺者在许诺之后，不但要兑现自己的诺言，而且要愉悦地、及时地兑现自己的诺言，让人觉得你是个值得信任的领导者。

这点在与员工签订合同的时候，要特别注意。否则会使领导者处于被动地位。信守合同、兑现承诺吧，与其他部门无法摆平。不信守合同、不兑现承诺吧，又会引起签合同员工的不满，甚至影响到企业来年的工作开展。

怎么办？

一、准确预测合同期的情况；将好、中、差三种情况都要想到，并将三种情况进行测算，找到一个合理的数据。

◎ 多许少与者怨

感悟之五—遵义章—

157

二、科学设计合同条款；条款是你拟的，主动权在你手上，一定要充分利用。不可说、不可控制的就不在合同中写明。

三、严守合同条款，确保兑现。既然签订了合同，无论怎样都要兑现合同。如果是担心部门之间无法平衡，也只能把少的往多里加，而不是多的不给。

特别是科学设计合同条款，既要兼顾全面，部门协调平衡，又要能调动积极性，遵循"能者多劳"的原则。否则，就谈不上"科学"。

迎而不拒　大胆使用

花重金请来了，就要大胆用他，让他发挥作用。

〔原典〕

既迎而拒者乖。

〔释文〕

用人先迎后拒，矛盾的做法必然事与愿违。

〔仲跻和感悟〕

又迎又拒，难免遭恨。

想起一个笑话。一个人请客，结果呢？请的客人有的因故没来，没请的倒有人来啦，主人出于礼节也就没有说什么话，忙着客客气气地招呼来客吃饭。没想到主人在敬酒的时候来了一句大实话——"该来的没来，不该来的来了"，弄得所有的客人难堪至极，留也不是，走也不是。导致饭被人吃了，酒被人喝了，还留下了这样一个大笑话。其中的关键就是"既迎又拒"或者是"先迎后拒"，导致在场的被请的、自己来的人都不开心，听了这话的特别不开心。不要搪塞说，是"不会说话""酒后乱语"。可事实是大家还没喝酒呢，就是酒后乱语也不可以这样"先迎后拒"。至少也是忘了："真话无益不需说，真话有害不能说"的说话原则。

　　企业用人，也有此大忌。花重金请来了，就要大胆用他，让他发挥作用。如果不能大胆使用他，给予足够的支持，让他发挥作用，不但请来的人有想法，而且原来的人更有想法，影响到团队的积极性。当然，如果在大胆使用后，发现请来的人不适合，没有达到预期效果，也要果断决定，辞退他，以免后患。

小予大报　痴人说梦

　　如果人人都能明白薄施厚报是痴人说梦，同时树立起快乐在于"施"，而不在于"报"的意识。同时人人又明白"受人滴水之恩，当涌泉相报"的道理，这个社会也就真的和谐了。

〔原典〕

　　薄施厚望者不报。

〔释文〕

　　帮人一点小忙，给人一点好处，就指望别人十倍二十倍的回报，那是不可能的。

〔仲跻和感悟〕

　　薄施厚报，痴人说梦。

　　舍得舍得，先舍后得，有舍有得。是这个理，但也要记住：有舍也未必得，不舍肯定不得。现在许多人怨恨人情淡薄，"好心没得好报"，甚至于做了好事反而像是做了坏事。就比如说借钱给人，跟借钱的人要求还钱好像错了，结果不是钱要不回来，就是钱要回来了，情谊没了。

现在有些人，稍微帮了人一点忙，就希望别人感恩他，视他为恩人。这又怎么可能呢？帮人忙，就是为了让人感恩戴德，也太世俗了，这样的帮忙，有意义，有价值，有必要吗？"滴水之恩当涌泉相报"，没有错，问题是人家发自内心自愿的，而不是你要求的。

如果人人都能明白薄施厚报是痴人说梦，同时树立起快乐在于"施"，而不在于"报"的意识。同时人人又明白"受人滴水之恩，当涌泉相报"的道理，这个社会也就真的和谐了。

在企业管理中，小恩小惠，可能一时管用。但不要期望太高，而且不可以重复使用。因为人对欲望的需求是永远也无法满足的。规范指标，严格考核，建立起管理的制度，帮助员工明白"一分耕耘，一分收获"，没有付出就没有报酬，是企业管理的正道。

虽然说这样会增加工作难度，给管理者压力，但是管理会达到事半功倍的效果。

贵后忘贱　不久返贱

得人心者，得天下。失人心者，必然失天下。这是历史必然，利益至上，必然下场很贱。

〔原典〕

贵而忘贱者不久。

〔释文〕

有权了，有钱了，就忘记了穷朋友、众乡亲，这样的人是不会长久的。

〔仲跻和感悟〕

贵后忘贱，不久返贱。

富贵后便忘记贫贱时的艰苦，铺张挥霍不知规划，不懂长久发展，这富贵自然不会长久。有人突然得到一大笔横财之后，忘乎所以，开始的一段时间内风光无限，但由于不知道转动头脑理财、投资，使得手中的财富只减不增，总有一天会将账户清零。由奢入俭难，那些尝过挥霍的甜头后再让他们回到以前平淡甚至拮据日子的人，有几个能受得了呢？

"贵后忘贱，不久返贱"这句话，还存在一种望文生义的解读，即一个人发达后就把以前同患难的伙伴抛之脑后。虽然这种解读方式严格来说是错误的，但从人性、企业的角度来看，也很有道理。

陈胜吴广起义主张："苟富贵，勿相忘。"后来忘了也就亡了。得人心者，得天下。失人心者，必然失天下。这是历史必然，利益至上，必然下场很贱。

在企业更是如此，经营企业似逆水行舟，任何时候不能松劲懈怠，你的一时无心之失，即有可能引起团队成员的松劲懈怠，导致企业停止不前，甚至于翻船。"千里之堤溃于蚁穴"，任何时候，大意不得啊！

记之睚眦　失之栋梁

要想做事，做大事，就不要记仇。

〔原典〕

念旧恶而弃新功者凶。

〔释文〕

领导者不能气量小，那些过去伤害过你的人，现在为你的事业立了新功，如果你对旧仇耿耿于怀，必然心存芥蒂，立功者自然也有异心，你的祸患不远了。

〔仲跻和感悟〕

记仇弃才，因小失大。

记仇不是大丈夫。而要想做事又必须是大丈夫。怎么办？要么修炼自己成为大丈夫，要么放弃做事，混混日子算了。唐太宗李世民与魏征，汉高祖刘邦与雍齿的故事就是大丈夫相交的典范。

当今社会，不是战乱年代。何为"仇"？未必都是杀子、弃妻、挖祖坟的事，也就是些"小节""小事""小利""小礼"罢了。况且，人才往往又都是有个性、有棱角、不拘小节的人。如果因为这些小的"仇"，而放弃一个人才，真的很可惜。经营企业几十年，顶撞、欺骗过我的员工也有，但没有因此而抛弃这些人，而是用其所长避其所短，让这些人也有机会为企业作贡献，才有了企业的今天。

要想做事，做大事，就不要记仇。其实，从自我的气度，也当不记仇。需要担心、揪心、操心的事本来就多，让自己放弃了调养身体的机会。如果说再为了一些"小仇"而不敢放手让团队做事，自己事必躬亲，这样还能把企业经营好吗？想一想吧！

用人持正　德才兼备

可靠，对应的是品德、价值观；适应，对应的是能力。

〔原典〕

用人不正者殆。

〔释文〕

领导用人首先要看德，人品不正的人，能力越强，危害越大。

〔仲跻和感悟〕

重才轻德，所托危险。

随着企业规模越来越大，团队成员也越来越复杂，而且地域管理不一样，更错综复杂，怎么用好人，应是头等大事。

用人关键在于被用的人是不是可靠？是不是能够适应？可靠，对应的是品德、价值观；适应，对应的是能力。素质、态度两者相较，可靠更关键。

是不是能够适应，关键在于能力，而能力是把双刃剑，能够杀死敌人、成就自己，也能够伤害自己，帮了敌人。

企业真的难，特别是中小企业，中小民营企业，中小民营制造企业，中小民营传统制造配套企业，一个难于一个，不是身在其中很难理解其中的差异。

女儿留学德国回企业工作的当年，曾问我："为什么不找人把他换掉？"而在她为企业工作了五年后的年底，当遇到同样的企业中层人员不适应企业需要时，她对我说的是："爸，你真不容易，用这样一群人，还把企业经营到现在的规模。"而我听了之后，还和五年前一样，一笑了之。

我能说？我不好说什么？

企业都想用有能力、能听话、肯干活的员工，这样的员工在哪里？偶尔遇上有点能力的员工，才适应了彼此，可以放心让他为企业做事时，突然间，他脚后跟朝你：要么自己创业当老板分走一块企业的资源，要么另攀高枝到更有名望的企业去了。

这样做错吗？没有错，换了我也会一样。关键是面对这样的员工，你怎么能尽可能多留一段时间，或者不要搞僵、彻底翻脸，成为企业的敌人。

对这样的员工许予利益，给予名分，让他觉得跟你在一起还有益，至少也是不好意思直接翻脸走人，而且走的时候还可以用竞业禁止协议来尽可能减少他分走企业资源的风险。

越是有能力的员工，越要充分尊重他的个性喜好，在不违反企业利益这个根本原则的前提下，可以尽可能地满足他的个性喜好，还要注重利益的满足与感情的投入，也就是软硬两手都要有所作为，这样才可能留住他们。

说满足，是相对。绝对来说，永远是无法满足的，至少是让他嘴上讲满足，而心里的不满足不好意思说出来，而如果真的到了他敢于把心中的不满足说出来，那也就没有再继续挽留的需要。

经营企业三十多年，在这一点，还真的有点发言权的。因为我有过成功留住人才的经验，也有过未能留住人才的教训。既有留对了，为企业作出了贡献的时候。也有留错了，为企业带来损失的时候。不论结果如何，企业还是顺顺当当走过来了，错失了一些机遇，也抓住了一些机遇。

企业用人，更多的还是要把有一技之长的人用好，这才是正途，这样的人是大数字，也好用，只是要勤指导，勤监督，多花点心思——其实，习惯了，也就好了。

是不是可靠，关键在品德、价值观。品德核心在言而有信，诚实守信。而价值观则是判定是与非、对与错的标准，能守信，又在价值观上一致，也就是可用之人，否则就不可以用了。

一般情况下，用人要重德轻才。以品德为先，才能次之。特殊情况下，也可以重才轻德，才能优先，品德次之。选择高层人员、关键岗位人员，一般要重德轻才。选择下属执行人员、一般岗位人员，可以重才轻德。总之，重才轻德风险大，重德轻才风险小。

其实品德很难一眼望穿，越是能力强的人，越善于伪装，而且也越善变。这就需要对其持之以恒地观察。发现问题，及时调整，以免造成损失。这一点我有过深刻的教训，好在我有"壮士断腕"的勇气，否则真的不可想象。也就是需要用人者要有敢干、认错、纠错的胸怀与勇气，在发现用人有问题能果断改进，才能把好用人关。

用人求缘　强留无益

留用有能力的人更是艺术。

〔原典〕

强用人者不畜。

〔释文〕

人各有志，不可强求；志同道合，才能为共同的事业而奋斗，强人所难，予以任用，是留不住人的。

〔仲跻和感悟〕

志趣不投，徒耗心血。

用人是艺术，留用有能力的人更是艺术。

人的志趣是天生与后天共同形成的，尊重人的志趣是用人的前提。如果在志趣上没有共同语言，就是留下也没用。与其说像曹操留关羽那样费尽心机，还不如顺其自然。"道不同，不相为谋"，"强扭的瓜不甜"，顺其自然，各安其心，各得所需。

工作也是如此。一个追求"快乐的工作"与一个"实现价值而工作"的人是没有共同言语的，这样的两个人在一起，注定没有快乐，也很难创造价值。工作需要配合协调，如不能配合协调，两个人也就无法工作在一起，也就难以实现 $1 + 1 > 2$ 的团队效应。

因人设岗　管理混乱

　　说是"为人择官"还不如说是为利择官、为情择官。为情也好，为利也罢，都是不妥当的。

〔原典〕

　　为人择官者乱。

〔释文〕

　　因人设职，或者所用非人，必然导致祸乱。

〔仲跻和感悟〕

　　因人设岗，祸患之始。

　　这里的人不是能人，是亲戚朋友，是利益的化身、情感的化身、权势的化身。

　　用这样的人，不但不能做事，还可能生事，让真正做事的人更难做事。

说是"为人择官"还不如说是为利择官、为情择官。为情也好，为利也罢，都是不妥当的。一个国家，一个企业，如果有了类似的现象，要想不乱很难。家族企业、家族国家难免被社会所淘汰。

说到这里，想起曾经工作过一年的企业。那是一个生产电缆的外资企业，年销售额4亿元左右。由于是外资企业，所以由外方说了算。身为中国人的总经理，无论是机构调整，还是企业聘用中层以上人员，都没有决策权。这就造成了企业机构混乱，一个工厂，集团有四个部门的人来管理，结果导致总经理的话没人听。更为可笑的是，用了十一个外国人，分别是从事联络咨询、财务、采购、生产管理等工作。而这几个人都与集团某个领导有"很好的"私人关系，是派驻到中国公司来"领导"我的。一个人一年开支几百万元，是工厂100个工人的工资报酬。有些人不但不能做事，反而生事，结果是上下对立，生产工人不满意，怠工、流失现象严重，左右不协调，钩心斗角，争权夺利。固定费用高，企业连年亏损。这是因人设岗的一个反面教材。

用强则强　失强则弱

自身所长决定了我的命运：在民企而不在官场。

〔原典〕

失其所强者弱。

〔释文〕

一个国家或团体兴旺发达，有的因带头人人格力量而强势；有的因得到能人相佐而强势；有的因环境优越而强势。一旦失去强势，就会由强变弱。

〔仲跻和感悟〕

弃长就短，强弱立换。

全才当然好，放在哪里都可以发挥作用。问题是全才很少，更多的是有特长专长的人。只有认清特长专长，并充分发挥专长特长，才是明智之举。敢用有专长的人、有特长的人，才是智慧之举。

如果不是用其所长，而是把他当全才、通才使用，那就可能适得其反，不但不能给企业带来效益，还会损失企业利益。有些人不适应某个工作，不是人不好而是能力或性格不适应其工作。

"金无足赤，人无完人。"道理懂，做好难。就木材来说：雕花红木好，屋梁杉木好，瓶塞软木好，装酒橡木好。再谈人才：心细的理财，会说的营销，胆大的决策，优秀的管理，全能的培训。

就如我一样，在企业还可以游刃有余，把一个乡办的小厂发展到现在的规模。既可以让亏损的外资企业，也可以让亏损的国有企业，还可以让亏损的民营企业在半年内扭亏为盈。其根本原因就是我习惯了"少林拳"，而不是喜欢"太极拳"。自身所长决定了我的命运：在民企而不在官场。

如果说把我的身份、角色调换一下，一切都将会彻底改变。不但事倍功半，而且有可能断送了我的人生。

楚汉相争项羽失了足智多谋的范增，最后落得自杀而亡的下场，而刘邦有了张良的运筹帷幄相助，汉朝的建立奠定了基础，也是这个理。

仁德决策　兼顾各方

> 想起了"仁者无敌"与"勇者无敌"，似乎是觉得"仁者无敌"才有可能。

〔原典〕

决策于不仁者险。

〔释文〕

如果决策者没有仁德之心，动机不良，那么，他的决策就是非常危险的。

〔仲跻和感悟〕

决策为私，凶险之祸。

仁，两个人，我与他。如果说只考虑我，不考虑他的决策，就是凶险的决策。因为当他见到你不考虑他利益的决策的时候，他就会自己考虑自己的利益，同样也不考虑你的利益。也就是一个不仁的决策，滋生了另一个不仁的决策。

突然间，想起了"仁者无敌"与"勇者无敌"，似乎觉得"仁者无敌"才有可能。

决策要有全局观念，为大多数人着想的决策才能被认可，才会得到拥护。

对企业来说，这个"他"还指"部门""班组"。如果部门决策者只从本"部门"、本"班组"的角度出发考虑问题，却不考虑其他部门、班组的利益做出决策，同样也是风险决策，要不得的。

在企业内部，部门是个体，对部门来说，班组是个体，对班组来说，员工是个体。只有个体服从全局，全局才能生存、发展，才有仁的决策。也就是说，决策不但要考虑"他"的利益，更要考虑全局的，整体的、团队的企业人。

在企业外部，客户也是"他"，也要兼顾到客户的利益，而且要让客户花最少的钱，得到最好的服务与产品。这样才能拥有客户给予企业的机会，让企业拥有更多的市场。

商业机密　秘不示人

企业与企业的保密，工艺、供应商、制度，都是企业的机密，都不能外泄。

〔原典〕

阴计外泄者败。

〔释文〕

机密的计划一旦泄露出去，必然要失败。

〔仲跻和感悟〕

机密外泄，败之元凶。

看不见的地方未必是阴。阴因阳而存在。计谋有阳谋、阴谋。看不见、摸不着，不知道有没有，不知道有什么，不知道有多少。一旦被看见了，被摸清了，也就不是阴谋，而是阳谋了，也就没有神秘感，也就没有了敬畏心，也就更谈不上冲击力。

对企业来说，对内的机密有限，重要的还是对外。

先说对内的机密。虽说机密有限，但却是最难守的秘密。就一个工资保密就很难做到，更不要说部门与部门，企业与企业的保密，工艺、供应商、制度，都是企业的机密，都不能外泄。这一点需要认真重视，需要大张旗鼓地宣传教育。

再说对外，不是同行、就是客户，属于利益竞争者。"知己知彼，百战不殆。"为了不让对手"知彼"，就要守好机密。订货策略，谈判技巧，价格底线，销售手段等都是重要的机密，都需要严格保密。如果失去机密，就将处于被动地位，会丢掉竞争的主动权。这点，很少企业能够注意到，更谈不上为此而投入。而在对外的守秘上，把握不住，一着不慎满盘皆输。光宣传教育还不行，还应制定相关的制度，保证得到贯彻。特别是对技术方面的保密，更要慎之又慎。否则给企业带来的损失是重大的。

企业的平衡链投标就是最好的例子。某年，企业去参加某客户的年度招标，我给具体负责参加投标的人定了底线："毛利百分之五或价格第三名"。可负责投标人由于经验不足，又过分担心丢掉客户，结果价格最低，而且毛利为负百分之二十。导致企业三年元气大伤。此事是未能守住底线的秘密的典型案例。我印象深刻，教训深刻。

多取少予　杀鸡取卵

穷天下者，天下仇之；危天下者，天下灾之。

〔原典〕

厚敛薄施者凋。

〔释文〕

一国之君如果只知道搜刮民脂民膏，很少一点留给老百姓，那么这个国家必然凋蔽。

〔仲跻和感悟〕

多取少予，杀鸡取卵。

古人说："穷天下者，天下仇之；危天下者，天下灾之。"要想鸡下蛋，就要喂养它。如果说只要鸡蛋，不喂养它，还能有鸡蛋吗？

俗话说："又要马儿好，又要马儿不吃草。"这当然不可能，因为"马无夜草不肥"。

党的改革开放政策，为什么人民拥护？人民富了，人心向着共产党了，知道听共产党的话，跟共产党走，有希望，有前途，能过好的日子。

为什么有的企业不缺人，而有的企业就是留不住人？

福利、待遇好，让人有奔头。心情好，开心快乐。

对普通员工来说，工资、福利是不是能满意，是决定去留的一个重要的因素。

要想企业有可用、能用、适用的人才，就要舍得花与他的能力相应的成本，让他们觉得在企业工作值得、愉悦。

面对当下的时局、文化，光靠工资、奖金已很难留住有用人才，更需要充分利用股权来留住员工。企业提出"百万富翁"，已是不能适应了，应大胆地提出千万富翁、亿万富豪。这样才能留住有用人才。

重奖功臣　轻慢游士

人心，鼓励什么，就会来什么。

〔原典〕

战士贫，游士富者衰。

〔释文〕

为社会创造财富的贫穷，而花言巧语游说政要的人富贵，这个社会就会走向衰败。

〔仲跻和感悟〕

说富做穷，衰败主凶。

战士，在战争时期，是直接杀敌的人，在和平年代，是创造财富的人，包含间接参与和直接参与创造财富的人；游士，在战争时期，是出主意的人，也可能是"光说不练的假把戏"，在和平年代，是一般性、服务性工作的人，是为创造财富服务的人。如果说出主意的人富得流油，而在创造着财富的人却吃了午饭没晚饭，要想社会和谐、社区和谐、企业和谐那是骗人的空话。其实，这是树正气的话题，也就是政策导向的问题：是鼓励做事？还是鼓励出点子？企业处于不同的阶段，针对不同的人，鼓励做事是对的，鼓励出点子也是对的，关键在于结合企业实际需要。如何确定鼓励做事？还是出点子？原则是做事的要能得到奖励，出点子也能得到奖励。这样企业才能基业长青。回顾几十年的企业生涯，正是由于能够如此，才有了企业的现在。眼前企业既需要做事的，更需要出点子的。当今社会，不正常的现象正在被扭转，这是好的开头。相信国家会在这方面越做越好，会创造更有利于创造财富的人的社会环境，而不是那些"戏子"的环境。

　　人心，鼓励什么，就会来什么。随着时代的改变，"战士贫"的 现象正在得到改变，企业也是一样，为企业创造价值的人得到的奖励更多，是共同创造还是人民创造，已不重要，重要的是创造，能创造就是英雄，就是战士。

公然贿赂　昏天暗地

> 贿赂盛行，破败之象。

〔原典〕

货赂公行者昧。

〔释文〕

当一个社会行贿受贿成为公开秘密的时候，这个社会的政治就是黑暗的。

〔仲跻和感悟〕

贿赂盛行、破败之象。

昧：有昏暗不明、不清不楚，黑白颠倒之意。

对于参与贿赂的个体来说，相较起来只能是"有过之，无不及"，贿赂的形式虽各有不同，其结果、目的都是差不多的，无外乎为眼前利益与未来利益、显性利益与隐形利益而已。为了几个"哥们"的利益，派往并不需要的地方"工作"，为之额外负担成千或万或亿的成本。

不过，贿赂是违法犯罪的、不可见光的手段，会极大破坏规则运行，因此不管是为了蝇头小利或是高额回报的贿赂，终将受到严惩。

海迅规定：企业内部人员聚会，谁职务高就由谁请客，也是为了杜绝贿赂。"吃人嘴短，拿人手软。"上了别人的床，身心俱软。企业的"干部"更应该防止此类事情的发生，因为天天在一起危害更大。

记过略功　必生怨恨

　　奖励与惩罚。使用得当，便能提升执行力，提高忠诚度，否则事与愿违。

〔原典〕

　　闻善忽略，记过不忘者暴。

〔释文〕

　　下属优点和好的意见不放在心上，而缺点和过错却耿耿于怀，这样的领导性格中存在凶暴的因素。

〔仲跻和感悟〕

　　记过略功，必生怨恨。

　　为了提高团队的忠诚度与执行力，领导者有两大法宝：奖励与惩罚。使用得当，便能提升执行力，提高忠诚度，否则事与愿违。

奖赏尤为重要。看到勤快的人，要奖赏；提出好的点子，要奖赏；作出贡献，哪怕是一点点的贡献，也要奖赏。我曾经说过：不参与他人陷害、打击我的人，就是朋友。是朋友，就要热心相助、倾力相帮。要知道不参与欺侮弱者，不但需要人品高尚，而且是需要勇气和毅力的。

　　当然，只奖赏，不惩罚，也是不行的。现在人的自觉性被个人主义的欲望稀释了，遇事首先想到的是自己的利益。如果不能及时惩罚这样的杂念，就会影响到团体的风气，让勤快的人觉得"特没劲"，让为大家着想的人觉得"怨"。惩罚要以教育本人、警示他人为目的。用老百姓的话就是"杀鸡给猴看"，警示他人，比教育本人更重要。

　　近期，企业中出现了一种"抢活干""占活干"的现象。不论是脏活、累活、重活，只要"划算"，都会抢着干、占着干。这可以说是好事——抢活干，也可以说是坏事——"划算"的活才会抢着干、占着干。为此，怎么办？既要表扬"抢着干"，同时也要指出不应该以"划算"来区别，而应以企业需要来界定。更需要在分配的时候，设计工时定额的时候考虑到，发现问题就要计划改进，以免老实人吃亏。

用人不疑　疑人善用

　　可以共同学习的人，未必能够共同追求真理；可以共同追求真理的人，未必能够共同建功立业；可以共同建功立业的人，未必能够给予权力。

〔原典〕

　　所任不可信，所信不可任者浊。

〔释文〕

　　用人要用其所长，有人可以用它做些事，但未必信任他的人品；有人可以信任他的人品，但不能委以重任。德才兼备的人很少，让合适的人做合适的事。

〔仲跻和感悟〕

　　任而不信，事不能成。因为不信任，就不能发挥作用。既然用了，就要信任他，这样才能把工作做好，达到你的目的。当然也要有监督机制，确保制度、流程得到执行。而不是单纯考验人性，因为人性是经不起考验的。

管理的最佳境界：事事有人做，人人有事做。怎么样才能事事有人做、人人有事做？授权、制度、流程、考核、奖惩。说说容易，做起来就未必这样简单了。更多的时候用人是"矮子中选将军"，在众多不合适的人里选中一个相对来说优秀的人去担当。事与事不同，人与人不同，让合适的人，做合适的事，是需要智慧的。

孔子曾经说过：可以共同学习的人，未必能够共同追求真理；可以共同追求真理的人，未必能够共同建功立业；可以共同建功立业的人，未必能够给予权力。怎么办？除掉制度、流程、考核、奖惩之外，还要有交流，而且是真诚、经常、及时、主动的交流。任用人时，可以疑人，但不可有疑心。否则，什么样的事情也做不成。鉴于当前社会现实，主张企业用工时要"疑人可用""制度保障"两手准备。当发现被用的人说的话不可信怎么办？那就是看他做的结果，"用事实说话"。真正的竞争是人才的竞争。企业以"先有，再找"的用人原则，选人是 对的。不给人机会，就是不给企业机会。这样选人、用人也可能会有损失，但总比失去机会好。还有用制度保障，强化企业的监督制度，辅之以企业内训，情感交流，促进价值观的尽量一致，以及相互之间的情感的交融。

德刑兼用　恩威兼施

唯有恩威并施，才能成就事业。

〔原典〕

牧人以德者集，绳人以刑者散。

〔释文〕

管理国家，以德教化感化百姓，百姓就会聚集在一起；如果仅靠残酷的刑罚捆绑百姓，百姓心生怨恨，星星之火必成燎原之势，王朝顿时分崩离析。

〔仲跻和感悟〕

显德众聚，典刑人散。

汉代有一个"五百壮士"的故事。说的是秦朝末年，齐国的田荣起兵造反。此人用严刑统治部队，结果引起叛乱，部属群起而杀之。田荣死后，其弟田横统治部队。他身先士卒，宽待部队，深得人心。后来刘邦统一天下，请他做官，他选择了自杀也不做官。结果跟随他的五百壮士一起自杀，以身相殉。

站在今天的社会，用今天的思维想问题，我可以说田荣不对，田横也不对。田荣用严刑统治，没有恩德的辅助，注定被群起而杀之。田横只有恩德，没有刑罚，注定一事无成，最终落得自杀的结局。唯有恩威并施，才能成就事业。

要是当一个好官，造福一方百姓又有什么不可以？为官一任，造福一方。我最不主张的是当那种"当官不为民做主"的官，真的是"不如回家卖红薯"。现在有的官员，也可以说是不算官员的官员。能推的能躲的，就推躲。实在不行敷衍了事。既不说对，也不说错。就造成了社会矛盾的激化，是社会的大毛病。人生可贵，生命可贵，有什么理由非要选择白条呢？

现在这个社会，真的是无从说起。不处罚吧，有些人没有自觉性，视企业的制度、规定、流程如儿戏，视礼节规矩为浮云，视领导、长辈如路人，彻头彻尾的个人主义第一、老子天下第一。结果呢？自己寒心，他人寒心，社会寒心。处罚吧，海安就有个企业发生了这样的事：员工压坏了模具，被罚款几百元，当着领导的面喝"毒鼠强"，送医院抢救，企业花去好几万元医药费，而且该员工家属还到企业闹事，妨碍企业生产；还有的员工因工作粗心大意给企业造成几万元损失，按照企业规定承担几百元损失。处罚决定出来后他不来上班了。特别是一些90后、00后的员工，"温室花朵"，经不起一点儿的风浪，我行我素，任性作为。心里只有我，不问他人，更不谈企业、社会。所以，简单地以"德"管理企业，或者以"刑"管理企业都是行不通的。海迅在推行规范化管理的同时，开展《弟子规》的学习，用读、写、唱等多种形式强化《弟子规》在员工心中的影响。这就是"德""刑"并用的例子，借此来解决当前企业面临的世纪难题。

学习传统智慧，需要与时俱进，需要有时代观点，需要哲学思维，取其精华、去其糟粕，"为今所用"。生搬硬套是不对的。

感悟之五 遵义章

论功行赏　原谅小错

赏小赦小，塑造人才；略小恶小，难建功业。

〔原典〕

小功不赏，则大功不立；小怨不赦，则大怨必生。

〔释文〕

管理无小事，赏罚必分明。重赏轻罚。小功小赏，大功大赏。罚则要慎重，小过可以睁一只眼闭一只眼。因为被罚者往往有怨气，小怨积累成大怨就不妙了。

〔仲跻和感悟〕

赏小赦小，塑造人才；略小恶小，难建功业。

管理无小事。许多的积怨，往往源于小事。一旦生怨，将本能地放大。所以古人提倡"勿以恶小而为之，勿以善小而不为"。

大小相对，不是绝对，牢牢记住这一点很重要。一句话，一个微笑，一个肯定的眼神，似乎是很小的事情，既不要支付成本，也不需要多少精力时间，但产生的激励效果是不可估量的。没有唐太宗的赏识，就没有能征善战的薛仁贵。没有唐太宗的宽容大度，也就没有魏征的忠言直谏。

反过来说，小毛小病，可以睁一只眼，闭一只眼。看见了，就当没看见。更确切地说：应该是告诉他，提醒他，引起他的注意。曹操正因为能够这样，才有了张绣的死命报答。

区分大小，说说容易，做到难。身为管理者，要想做个有成就的人，就要"斤斤计较"，也就是常说的"小气"。这里的"小气"，是指"不许自己错"，小恶也不放过，和自己过不去。否则养成不好的习惯就积重难返，量变引起质变，从而断送了成就自己的机会。历史上项羽就是有小气的习惯，把印章刻好了也不给，而放在手上把玩，结果团队涣散，导致身败名裂。

而作为被管理者，由于对自己没有太高的要求，对他人计较的又很少，也就忽视了小节，视一些小错为正常。现实社会中容易犯小错的人是很大的一个群体，这个群体对自己不较真的人很多。社会如此，怎么办？适应它！运用祖宗的智慧适应它。

赏罚分明　客观公正

赏不服人，不行。赏要服人，当赏准；罚要心服口服，否则达不到罚的效果。

〔原典〕

赏不服人，罚不甘心者叛；赏及无功，罚及无罪者酷。

〔释文〕

赏和罚是管理者手中的两件利器，使用得当，人心归顺，事业兴旺；用得不当，不该赏的赏，不该罚的罚，人心反叛，事业失败。

〔仲跻和感悟〕

赏罚失准，叛离首源。

苏东坡说，世人皆为名利往来。他说的话，我不知道他这样说的依据是什么，但至少我认同。也许说有的人主观不是为了名利，但也是一种无奈的叹息悲摧。客观上不能排除名利在其中的作用，这既是对客观现实的一种承认、认可、许可。

既然如此，就要奖赏到位，让他心满意足。如果当赏不赏，或者说赏"未到位"，就是名利未能如愿，就会挫伤积极性，甚至可能会产生叛离之心。

不当罚而罚，或者说罚过头了，同样也会产生叛离之心。春秋末期的伍子胥叛国就是典型的例子。现如今，这样的例子更有好多。你的话重点，他就跳起来。你还没觉得是批评他，只是告诉他，你错在哪儿，应该怎么做，而他却认为你是"挑刺"，是在批评他。

赏不服人，不行。赏要服人，当赏准；罚要心服口服，否则达不到罚的效果。罚的目的不是钱，而是起警示作用，为了杜绝类似事件再次发生，也就是常说的"杀鸡给猴看"。所以既要罚对，更要轻重适度。这样才能达到效果。另外，思想工作也很重要。要让被罚者认识到："该罚""非罚不可""罚是为了以后更多人不再被罚"。

诚心纳谏　拒听谗言

谏能让狂热者冷静、糊涂者清醒、悲观者振奋。谗会让人有体验"温水煮青蛙"的滋味儿，在不知不觉中死亡。

〔原典〕

听谗而美，闻谏而仇者亡。

〔释文〕

听到谗言，心里美滋滋的；听到批评意见，像是见到仇人。这样的领导者十有八九以失败告终。

〔仲跻和感悟〕

亲谗恶谏，败落之始。

"君子难处，小人易交"是很多人的切身体会。和珅能够得道，而且是在有为皇帝的治下，为什么？"小人易交"。小人无原则，爱说好话、恭维话，而"马屁不穿"的事，更是层出不穷，人性之弱，小人抓住了。

"宁可得罪君子，不可得罪小人。"也许是从另一方面说明了君子的"同而不和"与小人的"和而不同"的厉害所在。无论是过去，还是现在，是国家层面，还是企业层面，真的是既需要君子驻"大营""掌台面"，也需要"小人"通"下水道"，维护生存的特别通道。既然知道有君子，有小人，就要有颗明心，明白什么话能听，什么话不能听。说不能听，是说不要当真。信以为真，就会被欺骗。谏能让狂热者冷静、糊涂者清醒、悲观者振奋，谗会让人有体验"温水煮青蛙"的滋味儿，在不知不觉中死亡。

同样，企业也有君子、小人的客观存在。怎样才能处理得好，真的需要理智应对。否则，小沟里翻船，就太可惜了。当今社会，敢于直谏、有能力"谏"的人太少太少了。"恭维话一大堆"成了民主生活会的特色，而"八卦新闻"，特别是"马屁"遍地可闻。因此，处理好"谗言"显得特别重要。

◎ 听谏而美，闻谏而仇者亡

说起这，我想起了子路"闻过则喜"的美德。如果说现在的人也能有"闻过则喜"的勇气，就像毛泽东曾经要求的那样，面对批评要"有则改之，无则加勉"，千万不可因听不进不同意见而断送了自己想成就的事情，从而毁了人生大局。

得之所劳　勿惦他财

上不亏待天，下不亏待地，左右不亏待人，内心不亏待父母的恩赐。

〔原典〕

能有其有者安，贪人之有者残。

〔释文〕

享受和珍惜自己的劳动成果，心安理得；贪求别人的东西，巧取豪夺而来，心里永远留着个疤痕。

〔仲跻和感悟〕

巧取豪夺，寝食难安。

现在的人，似乎穷怕了、穷急了，什么都想要。我的，是我的；你的，也是我的。你有的，我要；他有的，我也要。为了达到目的，不择手段、不管不顾、巧取豪夺。这样的人，注定不得善终。用家乡人的话说："没有强盗贺八十。""反腐""扫黑""打恶""不是不报，时候未到"，虽说是这样，也有冤枉的，但一定是少数。苍蝇不叮无缝的蛋，你如果是一点问题也没有，谁都伤害不了你。

其实，人要幸福愉悦，很简单。上不亏待天，下不亏待地，左右不亏待人，内心不亏待父母的恩赐。不担心人偷，不担心人抢，不担心人告，心安理得就可以。怎样才能做到如此？《道德经》等传统的典籍就有这样的智慧，"得悟道者，常清静矣"。一切自有之数，是你的才是你的，不是你的，就不是你的。再说，是你的，真的是你的，你又是谁的？连你都不是你的，你还有什么好争、好抢、好夺的？

◎ 能有其有者安，贪人之有者残

也许这样想、这样做，与一般人比有些另类。其实，"另类"是个中性词，未必不好。重要的是，与另类相对应的那个类是什么样的类。如果说那个对应的类本来就有些信仰、追求与自己不合，那么，另类些，不正是回归信仰、追求的启示吗？

　　巧取豪夺，着实讨人厌。在企业来说，"巧取"者多于"豪夺"。"巧取"也就是利用工作的便利，吃拿卡要。如果是有良心的人还好，在不损失企业利益的同时，取点私利。而没良心的也就不管不顾企业利益。"高买""以次充好""少买多报"就不可以原谅，也是不允许的。

　　这样的行为，也就不只是"巧取"，而有点"豪夺"了，更有甚者，有"偷"之嫌。之所以发生这样的事，其根本原因是企业管理出现了漏洞，让有私心的人有机可乘。

　　解决的办法，当然也就要在管理上支招，从用人上把关，从制度是上完善。在执行中不徇私心，不看情面。只有这样才能杜绝类似"巧取""豪夺"的现象再次发生。

　　不要小看这一点，如果说企业这样的人有了三个，企业就完蛋了。从近期南通工厂发现的问题，就说明了这样的人对企业的损害有多严重。由于采购成本高于市场价百分之二十以上，再加上加工过程中的浪费，造成企业生产成本居高不下。在销售价格无法上涨的情况下，只有微利销售。而有质量问题就是亏本销售，结果导致企业亏损，产品准备下马停产。后来在某个场合，我得到其中的信息，及时调整人员分工，降低了采购成本，减少了加工过程中的浪费，发现不是没有利润。从而改变决定，不但不下马停产，而是给足政策，鼓励销售这个产品。

感悟之六

安礼章

本章是全书的总结，将做人成大事的立身之本归结为『礼』，也就是做人处世的规律和原则。本节告诉我们做到行有规，动有律，言有礼，就能心想事成。

宽小得大　预则不废

唯有能宽恕人的人，才能胜任企业的一把手。

〔原典〕

怨在不舍小过，患在不预定谋。

〔释文〕

仇怨并不是别人得罪了我们，而是因为我们不能宽容别人的过失。祸患常常有，是不是身受其祸，就看各人之谋了。高人谋于祸前，消灾避祸；俗人谋于祸后，只能亡羊补牢。

〔仲跻和感悟〕

事不从宽，易招怨恨；事不先谋，易招祸患。

怨恨不只是源于得罪过人，也可能因为未能宽恕人。因一点儿小事小节斤斤计较，结果"小不忍，则乱大谋"。诸葛亮如果计较关张的无礼，还能有历史上的三国鼎立吗？宽恕人，会令人更加愉悦。

"人无远虑，必有近忧。"开展事故预想，编制规划，救灾演习，都是为了防患于未然。未来发生什么，只有智者知道，时间知道，未来知道。作为凡人能够做的，就是根据过去的经验、他人的教训，检讨现

◎ 怨在不舍小过，患在不预定谋

实，预测未来，争取不犯同样的错误。

最近，有老员工离开企业，自己创业。同事二十几年，彼此也了解。当他问我"战略定位"时，我说："要想轻松愉快创业，就想'挣钱比挣工资多多了'；如果不想轻松愉快创业，那么就谈'战略定位'。"同时，我还说："当老板的人，要既是君子，又是小人，否则很难当好老板。"怎么理解，就靠他自己悟了。

"能有容人之量，才有用人之福。"在这一点上，现在是我最大的担心。因为我的两个女儿在这一方面，是我最不放心的。容错，不易啊。而现实又必须要容错，否则太较真，理是争回来了，人都没了，又有什么意义呢？

说宽恕容易，做到则相当不易！人是感情动物，是感情多于理性的动物。"六尺巷"的典故，"负荆请罪"的典故，都是说宽恕的。唯有能宽恕人的人，才能胜任企业的一把手。小肚鸡肠可不行，难以容有个性的人才，将会影响到企业的生存与发展。因为能人都是有个性的人。

积善福报　积恶招祸

人性有善有恶，既要扬善也要惩恶，这样的管理才是有效的。

〔原典〕

福在积善，祸在积恶。

〔释文〕

多做善事，累积起来就是福；不断做恶事，累积起来就是祸。

〔仲跻和感悟〕

行善是福，积少成多；作恶招祸，小恶大祸。

人们常说："善有善报，恶有恶报。不是不报，时辰未到。"报的对象有多种，报在自己，报在家人，报在子女。报的时间有"现世报""来世报"之说。所以说"眼见为实"，未必是实；"耳听为虚"，未必是虚。"不出汗挣的钱，不经用"，来得快，去得也快。同时，"眼见为实"未必不是实，

"来世报"的事情也不少。"耳听为虚"未必不是虚，下辈子的事情，这辈子不认可也是对的。

总之，"勿以恶小而为之，勿以善小而不为"是必须时刻牢记的。

站在企业的角度，既要积"善"，也要惩"恶"，否则企业难有发展。员工与企业有共同的利益，但更有不同的利益，这是无法改变的事实。积"善"是企业要为员工做好事，为社会上的弱势群体做好事，这是应该的，也是必须的。但对有些员工侵占企业利益和他人利益的恶行，也要敢于、善于抵制、纠正、斗争，只有这样，才能维护企业的正气，确保企业的发展。惩"恶"，重事，不重人。惩"恶"，是为了扬善，为了救人。要想管好企业，就要对企业的人员有个清晰的了解。员工也是人，也有具体的需求。人性有善有恶，既要扬善也要惩恶，这样的管理才是有效的。

重农贵织　秉轴持钧

> 不管干什么，都要抓住重点，抓住核心，否则就危险了。

〔原典〕

饥在贱农，寒在惰织。

〔释文〕

饥饿因为轻贱农民，农贱米贵，社会上很多人只能饿肚子了；寒冷是因为桑农生活没有保障，蚕养得少了，织机没有充足的原料供应，穿衣成了大问题。

〔仲跻和感悟〕

不愿种粮，难免挨饿；不勤织布，难免挨冻。

"三农"问题一直是国家的头等大事，那么多的"一号文件"足以说明中央政府对种粮棉保吃饭穿衣的重视。农业是国家的根基，是政权的命脉。

对企业来说，现金流是企业的根基，是生存发展的命脉。贪大求快，易损根基。根基不稳，大厦要倾。命脉不畅，虽生犹死。

不管干什么，都要抓住重点，抓住核心，否则就危险了。这是前人的经验，必须牢牢记住。最近有人说"企业这几年发展不快"，我听了之后心里不是滋味。是我未能帮助大家认清形势、看到本质。"快"与"不快"要看以什么作参照物。就像采用"GDP能耗"的标准来衡量中国与美国的经济质量一样，能耗低就代表经济质量好，这样粗看起来合理，实际上则未必合理。第二产业能耗高，第三产业能耗低，是事实，是科学。如果忽视了第二、三产业的占比，单纯讲GDP的能耗是不科学的。再说同是第二产业，重化工与棉纺织的能耗也是不一样的。还有同是飞机制造业，我国飞机的销售价与美国飞机销售价相差那么多，按GDP比能耗合理吗？只按照GDP看能耗，还有意义吗？企业发展快不快，既要历史性对比，也要社会性对比，更要科学性对比。如果看不到这一点，贪图"快"，企业就危险了。特别是当前供给侧改革的大环境，企业更要注重现金流，没有利润的业务必须放弃，收不回货款的业务必须放弃。否则，挣不到钱或者说是挣了个挂在账上的应收款，对企业来说有什么意义呢？创造价值是企业存在的使命，如果说不能创造，企业也就没有存在的必要。创造的价值，有形的产品，也有无形的，员工的工资、奖励以及股权及税负，更有员工精神的，学习的满足。这就好比农民种粮种棉花一样。

安定人心　笼络人才

想方设法留住人心，形成命运共同体，实现员工与企业共同成长，一起分享发展成果。

〔原典〕

安在得人，危在失士。

〔释文〕

一个国家是平安还是危亡，全在于用人，用人得当就会安全兴旺，失去有用人士则危险了。

◎ 安在得人，危在失士

〔仲跻和感悟〕

兴旺繁荣，人心思归；

频临危地，人心思散。

得人者，得天下。得人者，兴旺繁荣；失人者，濒临危地。这是从领导者的角度说的，强调的是人才的重要。但从被领导者的角度说，也有"良禽择木而栖"的思考。无论是被领导者，还是领导者，都要面对一个残酷的现实："兴旺繁荣，人心思归；濒临危地，人心思散""树倒猢狲散""夫妻本是同林鸟，大难临头各自飞""人往高处走，水往低处流"。随着竞争白热化，这样的现象会越演越严重。老年人越来越多，而参与劳动的人越来越少，再加经济体量越来越大，自动化程度又没能跟上经济发展的步伐。企业可以招聘的人越来越少，合适的人更少。

怎么办？主动适应这个残酷的现实，想方设法留住人心，形成命运共同体，实现员工与企业共同成长，一起分享发展成果。这样才能当企业面临危地时，人心不散，抱成团，形成合力，再创一个辉煌。

企业的竞争，最核心的竞争就是人才的竞争。企业有了需要的人，就有了希望。人才从哪里来？外聘，当然好，能力可以得到很快提升，但价值观、作风、方法等又如何来融合呢？还有更好的途径，就是自己培养。这就需要重视内培，在培训过程中发现人才，挖掘现有人才的潜力，给其提供舞台机遇，让他们发挥潜能。还有就是留住有用人才，坚持"合作分享"的理念，让有用之才与企业共同成长，分享企业发展的成果。

经过三十多年的实践，关于人才的问题，我主张外聘为辅。救一时之急，外聘时对应聘人员坚守品德第一，能力第二的底线。内培为主，筑实人才基础。懂得企业对员工用其所长，发挥潜能。如能用其所短，别具一格使用人才，更能异军突起，"反者道之动"。而企业留住人才的关键，则是引导人才需要第一，满足人才需要第二。

说起企业培训，我觉得这个词有些不是很恰当，也就是不符合事实。明明是发现人才，而不是培养人才。人才是天生的，人的性格、能力是与生俱来的。为什么不可以把培训改叫面试？通过各种活动对员工面试，从而发现员工的长处，找到企业需要的适用人才，至少也是救急之才。

感悟之六—安礼章

机不可失　时不再来

　　"机不可失，时不再来"与"时来如泉涌，运去如山倒"，说的是抓住机遇的重要。

〔原典〕

　　富在迎来，贫在弃时。

〔释文〕

　　时机对于事业成败很关键，就像农业生产，春种才能有秋收。人的一生是富是贫，抓住机会就能富，失去机会就会贫。

〔仲跻和感悟〕

　　有钱有势，门庭若市；无钱无势，门可罗雀。

　　"机不可失，时不再来"与"时来如泉涌，运去如山倒"，说的是抓住机遇的重要。如果说这样理解，也可以说通。"富"在机遇"来"时，事半功倍；贫在机遇错失时，事倍功半。是不是可以这样解读：富：钱、势。在：有。迎：欢迎。贫：穷。弃：抛弃、背弃。"穷在闹市无人问，富在深山朋满座"。

当今社会，"同富贵"尚可，也只能是尚可"同"，未必是"均"；能看到这一点，并认可"同"，而不是"均"。"共患难"很难。人心浮躁，急功近利，是时下社会的通病，更助长了"树倒猢狲散"。我有什么必要等你再起来？谁给我工资，我就给谁干，这可以理解。"谁给的钱多，我就给谁干"也能理解，而且只有这样，别无选择。

逆潮流而动极其艰难，绝大多数情况下，只有顺应潮流，才可能立于潮头。

己正正人　上下齐心

想提升团队的执行力，让领导者的命令被团队无条件执行，领导者自身就要有好的品行，好的示范，让团队成员崇拜你，信任你，认可你。

〔原典〕

上无常操，下多疑心。

〔释文〕

身为领导，操守要坚持不改：沉稳镇定、遇事不慌、决定慎重、言而有信、举止得体。如果急功近利、喜怒无常、朝令夕改，下属就觉得不可信，不可靠，心生疑惑：这人怎么能当领导呢？

〔仲跻和感悟〕

遇事先慌，众人瞎忙；言行无常，成事无望。

身为领导者在遭遇危难的时候，千万不要急于表态，要先听一听大家有什么"高见"，先看一看，事情的发展趋势如何，先想一想，什么才是相对来说比较适宜的。

领导者就是定海神针，就是榜样。榜样的力量是无穷的。如果说领导者心慌意乱，不稳重，乱说话，事情只能更糟糕透顶。诸葛亮就是领导者处理危机化险的榜样，空城计流传至今，堪称典范。

当然，也可以这样理解：领导者的品行有问题。比如喜欢推过揽功、言而无信、言行不一、朝三暮四。作为下属就会常想，怎么样才能不被当"替罪羊""背黑锅"呢？而这样的领导者还真的不少。

所以要想提升团队的执行力，让领导者的命令被团队无条件执行，领导者自身就要有好的品行，好的示范，让团队成员崇拜你，信任你，认可你。

威信，先有威，才会有信。威又来自不怒，自威，而不是靠高压和非常手段强制的威。"上梁不正下梁歪""自身正方可正人"。说现在的年轻员工难管理，不如说管理者自身还没有威信。没有威信的原因是没有给年轻人认识你的机会，还是你本就没有操守，不值得年轻人尊重？自悟吧！

尊重上级　友爱下属

慢待领导，自招责怪；欺侮部属，必无亲信。

〔原典〕

轻上生罪，侮下无亲。

〔释文〕

社会有序是由许多规范保证的，比如上下级关系，下级尊重上级，上级亲爱下级。如果下级轻视上级就要获罪，上级不把下级当人，上级就没有一个贴心的人了。

〔仲跻和感悟〕

慢待领导，自招责怪；欺侮部属，必无亲信。

一个有序的企业，是由制度、流程、规定、细则、条例等保驾护航的。判定一个组织是不是有序，其核心所在就是看有没有执行力。是不是有执行力的关键，在于领导说话是不是有人"听"，团队是不是能够按照领导说的去做。

为了确保企业目的的实现，必须强化执行力。为了建设有执行力的企业，必须建立健全的制度、流程、规定、细则、条例，还有岗位说明书。因此，作为企业的中高层管理者，是组织建设的关键人物，既要严格执行决策者的"决定""指示""吩咐"，不能"慢待"，又要尊重团队实际，激发热情，发挥潜能，带领团队去想方设法完成具体工作。

要想能够按照领导说的去做，满足领导的要求，就需要团队成员的通力配合。理解你，支持你，帮助你，协助你。否则什么工作都难以完成，更不可能完成指标。由此可见，团队成员是你的下属，但更是你的能量所在，没有了他们的理解、支持、协助，你将一事无成。故此，你的下属，你也不能得罪。

历史上，韩信成了慢待领导的反面典型。韩信在战争最紧要的关头，挑战刘邦的"异姓不可为王"的规定，要刘邦封他为王。虽说刘邦从大局考虑，满足了他的要求，但刘邦已经怀恨在心，最终还是找了个合理的理由把他杀了。而项羽成了欺侮团队成员的典型。导致团队中能干的、有智慧的骨干都跑到对手刘邦方面去了，怎么能斗过对手哟。

其实，企业更是如此哟！尊重领导，因为领导也是人，也有七情六欲，把领导想象成圣人，是给自己找不痛快！领导不在乎？你又不是领导，你怎么知道领导不在乎？

作为领导对下属的尊重，同样重要。领导者对下属不但要在感情上尊重，给下属面子，礼节上也要尊重下属，注重小节，更要利益上尊重下属，给足应该给的利益。否则，对缺少了贞操约束的团队，形同一盘散沙，又哪里来的执行力。凭什么去完成工作指标、任务要求。

重用臣下　远悦近来

以决策者利益最大化而决定。重用有重用的道理，不重用有不重用的理由。

〔原典〕

近臣不重，远臣轻之。

〔释文〕

最贴近皇帝的大臣皇帝却不重用他，那么，离皇帝远的臣子就会轻视他，他还怎么办事呢？

〔仲跻和感悟〕

实任虚用，身边之人；发号施令，难以执行。

一个组织的决策者，不信任"助手"，但由于种种原因，又不得不任用他。怎么办？实任虚用，也就是"近臣不重"。结果呢？这样的"助手"

在组织中没有什么威信，说话没人听，其结果当然是发号施令，难以执行，也就是"远臣轻之"。与其这样，还不如不用。既影响工作效率，又增加运营成本。既然没有合适的人选，那就只有自己辛苦点，把工作责任承担起来。

助手就是领导代言人、替身，是代表领导执行任务或是辅助领导处理具体的事情的。如果不授予尚方宝剑，助手怎么开展工作？历史上这样的教训数不胜数，我自己也亲身经历过。也就是说，我的助手未能发挥作用，主要责任是我没有重用他，没有授予尚方宝剑，错在我。这样的时候有过。

当然也有因"助手"自身的能力、心态、方法的原因，也有可能导致发号施令难以执行。而这样的人在现实中还不少。因为"近臣"在身边接触太多，也就渐渐看清了他的本能、素质，而且随着时间的推移，他的工作业绩、工作表现更让人感到不可信任。因为他没有能力完成你交给他的任务，久而久之也就不重用了。

黄石公告诉张良："近臣不重，远臣轻之。"并没有说不能如此做，只是告诉张良一个事实。事实是否适用，是不是所需要的，当由决策者决定。不重用身边的人是需求，重用身边人，也有需求。需要决策者根据实际情况而定。无论是怎样的选择，当以企业利益最大化为重。更确切地说，以决策者利益最大化而决定。重用有重用的道理，不重用有不重用的理由。

疑而多虑　信而心宽

不要赌人性，否则害人害己。

〔原典〕

自疑不信人，自信不疑人。

〔释文〕

总是怀疑别人的人，他连自己都不相信。总是对自己充满信心的人，也不会轻易怀疑别人。

〔仲跻和感悟〕

自生疑心，不信忠良；己若诚信，必不疑人。

这里，我想起了家乡的一句俗语："做贼人，防贼人，偷人婆娘防别人。"虽说比喻不妥，但理是一样的。说的都是心里有鬼才会怕鬼。而在企业，这一点似乎有些似是而非了。是"疑人不用、用人不疑"？还是"疑人要用、用人要疑"？各自都有道理，而且平心而论，是真的有道理。这就需要管理者结合企业的实际情况加以判断。如有选择的机会，"疑人不用，用人不疑"，如果是只有一个人"只能先求有""疑人要用，用人要疑"，然后根据实际情况适时做出调整。

古人的智慧，在当今社会需要发展性、创新性使用。否则，易犯低级错误。我们不能否定，有时候是自己不自信，从而怀疑他人；而更多的时候，真的是有很多的证据提醒决策者不得不怀疑他人，虽说怀疑这个人，而又没有更好的人来把他换掉，这就需要"疑人要用"，同时用制度、规定、机制来约束、监控，防止出现问题。

企业在用人方面，我认为"有人可用"是第一，即先确保有人用再说。然后根据所用之人，确定是"当信"？还是说"当疑"？先用心说话，做到心中有数。再等事实证明，不要过早下结论，要实事求是，视实情调整。

"用人要疑"是第二。不要赌人性，否则害人害己。设计好制度，用制度管人。有了制度，也好解释，也好理解。

我说这些是站在中小企业，中小民营企业，而且是偏离城市的中小民营企业而言的，需要个人才太难了，不是企业花高价就能请来的。有个中专生、本科生就了不起了，哪里敢企求研究生、博士生哟。

其实这一切的根本原因还是企业不强，不突出，没有让人才们看到希望与前途。"人往高处走，水往低处流"是必然，虽说这与疑不疑，信不信无关，但与企业用人有关。首先有人，才是疑与信之说，如果是连人都没有，谈疑与信，有何意义？从此点说，似乎又有关系。

枉士无友　曲德无下

作为企业一把手，部门一把手，自身正很重要。

〔原典〕

枉士无正友，曲上无直下。

〔释文〕

心术不正的人，不会有真诚正直的朋友。心术不正的领导，不会有正直的下属。

〔仲跻和感悟〕

谄曲奸邪，难有诤友；自己不仁，难聚贤士。

小时候就听人常说"物以类聚，人以群分""上梁不正下梁歪，中柱不正倒下来"。并不真的知道是为什么，只是觉得有道理。后来逐渐长大后，知道了唐代为什么女人以胖为美，是因为唐明皇喜欢肥胖的杨玉环；明白了汉代的女人为什么以小蛮腰为美，是因为汉皇喜欢小蛮腰的赵飞燕。我过了不惑之年的时候，常常穿红色的衣服，企业有人跟我说："企业将流行红衣裳。"而事实证明，企业穿红衣服的人真的多了，我才真正懂了上行下效的厉害。

其实，其中有臭味相投之可能，也有拍马溜须之嫌疑。无论是什么原因，作为企业一把手，部门一把手，自身正很重要。

自身正，谈何容易。特别是年轻气盛时，我是老板，我说了算。这话有道理，在某些时候，某些方面确实如此。也没有道理，因为更多的时候，更多的方面并不是老板说了算，还有法律，还有道德，还有人心。"众口铄金"，身为老板要时刻不忘使命，你是企业的第一责任人，你是决定性因素，牢记了这一点，才不枉为老板。

治企治乱　留贤留才

一个混乱的企业，人人皆有不善不贤之嫌。

〔原典〕

危国无贤人，乱政无善人。

〔释文〕

人是环境的产物，大环境（国家）、小环境（工作单位、所生存的地方、家庭等）都能影响人。国家危难、政治混乱、社会动荡，朝中难有贤人，社会上难有善人。

〔仲跻和感悟〕

无贤辅政，将现危机；无善主事，即现乱象。

一个混乱的企业，人人皆有不善不贤之嫌，特别是处在核心岗位的核心人员。

"淮南为桔，淮北为枳"是"危国无贤人，乱政无善人"在自然界的写照。橘子尚且知道适应环境的改变而改变自己为枳，更何况人乎？

从员工个人来说，一个混乱的组织，要么适应，作墙上草，"风吹两边倒"，等待有序的时候，也不失为选择。再混乱的组织也有有序的时候。退出一个混乱的组织容易，要进一个有序的组织难；要么逃避，彻底放弃，另辟蹊径。当然，逃避是需要选择的勇气。

从企业角度来说，越是困难的时候，越是要想办法留住有用之人。刘邦能容下韩信，是胆略气度，更是信心。将什么放在第一位，将决定着与此相适应的决策。在企业危难的关键时候，用人要看大局，看主流，用能助企业渡过危难的人，就是企业正确的用人决策。

当然，任何时候，都不能忽视环境、风气对人的影响。用人时，一定要注意这一点。否则，再好的鸟儿与猪在一起生活久了，也会飞不起来的。

求贤若渴　重金养贤

恩义聚贤，重禄养士，古已有之。

◎ 爱人深者求贤急，乐得贤者养人厚

〔原典〕

　　爱人深者求贤急，乐得贤者养人厚。

〔释文〕

　　大爱之人，志向是大事业，必然求贤若渴；喜欢贤人也必然给予贤人以优厚的待遇。

〔仲跻和感悟〕

　　知己不能，求贤辅政；

厚施薪金，能人奋进。

恩义聚贤，重禄养士，古已有之。苏东坡曾说：天下人皆为名利而忙，既然如此，名利作前导，请有用之士加盟也是明智之举。如果说像项羽那样，舍不得赠印，把刻好的印章拿在手中磨光了也舍不得给人家，就只能是落得"无颜见江东父老"的下场。何为贤？能够单独作战，具有不可替代性。何为厚？令贤者觉得"过了"，至少"够了"，让员工内心觉得欠企业的。

用人，一直是企业的第一要素。没有人，要找到人；有了人，要选适用的人；有了适用的人，就要千方百计留住他，用好他。这几句话，说说容易，要做到就不那么容易了。

"千军易得，一将难求。"能"求"到企业适用的核心员工，特别是高层的核心员工，真的是太难了。在当前这个浮躁的社会中，在政府机构、学校的鼓励下，个人欲望极度膨胀，是个人就想当老板，哪里还有能人志士乐意打工，甘愿"被管"？

怎么求？按照我几十年的阅历，主张先求有，再求好。有比没有好。不能总是理想化的求，更不能希望克隆一个"我"出来。否则，还没等到"适用的人"，自己恐怕就先累死了。

求好，有两种途径。一种是在"有"的基础上共同提升达到双赢的选择途径，在干中学，在学中干，能力的成长速度超过企业的成长速度，逐步缩小"有"与"好"的差距。另一种就是果断替换，用"好"取代"有"。

"养"的关键是，给予人才所需要的，而不是我想给的。这是关键所在。在需要方面，人才与人才不同，同一人才在不同时期也不同。这两个不同决定了企业需要区别对待。人的需要是无止境的，那么"养"的条件也要是无止境的。作为企业来说，明白看准人才的需要是发现机遇，懂得满足需要是有效投入。

当然，这里也有引导的问题，引导人才的需要，让人才的需要与企业的需要有更多的共同之处、相似之处，懂得员工与企业是利益的伴生体。

只有这样，才能"求"到企业适用的人才，"养"好企业适用的人才，企业发展壮大才有希望。

兴者来士　危者远贤

人气旺不旺，是判断一个组织是否兴旺繁荣的重要标准。一个组织兴旺繁荣，有很多的名利、机遇，也就有很多的贤者能士会纷纷前来效力，也算是人才流动，"马太效应"吧。

〔原典〕

国将霸者士皆归。邦将亡者贤先避。

〔释文〕

一个国家正在崛起将要实现霸业的时候，突出的征象就是有识之士纷纷回归。一个国家将要灭亡时，贤能之人首先躲避开了，因为他们善于审时度势。

〔仲跻和感悟〕

兴旺发达，智士来归；危象环生，智士先避。

人气旺不旺，是判断一个组织是否兴旺繁荣的重要标准。一个组织兴旺繁荣，有很多的名利、机遇，也就有很多的贤者能士会纷纷前来效力，也算是人才流动的"马太效应"吧。"人往高处走，水往低处流""良禽择木而栖"说的就是这个道理。刘伯温、张良就是智者典范。

反过来说，当一个组织面临危险的时候，智者就要回避它。否则，深陷是非之中，不仅没有任何的意义，而且有可能被危险断送了自己身家性命，商朝的比干就是个未能回避被迫害致死的教训。

人的流动规律如此，关键在如何看待它，利用它。人与人不同，今天与明天不同，此事与彼事不同，全靠当事者审时度势，权衡利弊，果断决策。

一个长青的企业，关键点不在于快速发展，而在于持续发展。更不是一年好，两年坏的"穷折腾"。而持续发展的关键就是有一个能帮助企业、乐于同企业共成长的优秀员工团队。

站在企业的角度，企业的领导者既要正视人才流动的规律，也要适应人才流动的规律。当企业处于低潮时要适当调整选人标准，以确保低潮期企业的正式营运，而不断流。如此，方能保证企业有东山再起的机会。

当然，站在员工个人角度上讲，又是另外一种说法。遇险避险人之常情，可以理解。但总是寄希望于零风险，也是不现实的。风险往往是与机遇共存的。重要的是风险是否可控？是真风险还是假风险？是一时的风险还是长久的风险？企业能不能挺过风险？明白这几个问题，再做决定为佳。为什么有些人选择企业困难时离开，因为他们是正常人，是在用正常思维在思考问题，确定对与错，好与坏。作为企业的一把手，一定要看到这点。

不要埋怨那些在企业困难时离开企业的员工，他们这样选择是应该理解的，埋怨徒增烦恼。

凤不栖荒　做大做强

凤凰不落荒地。

〔原典〕

地薄者，大物不产；水浅者，大鱼不游；树秃者，大禽不栖；林疏者，大兽不居。

〔释文〕

土地贫瘠，不会生产大型植物；河浅水少，不会有大鱼游动；光秃秃的树，苍鹰不会在此栖身；树木稀少，狮虎等猛兽不会在此安家。大事业才会吸引大批人才。

〔仲跻和感悟〕

渴望成功，需要资源；成与不成，皆有因果。

地薄，"大物不产"。大物需要大量的养分，地里没有养分，当然没有大物生长；水浅，"大鱼不游"。大鱼无法游，生存都困难，怎么游动？树秃，"大禽不栖"。光秃秃的树木一点不隐蔽，又没做窝的空间。怎么能在上面过夜呢？林疏，"大兽不居"。生物链断了，大兽会饿死的，哪能够生活在即将要饿死的林子中？

动物尚且如此，何况人类。更何况企业面对的核心骨干都是人类的精英，是经过了正规的教育，又有着丰富的阅历，对社会的评判水平极其高。这个企业是不是适合自己的生存？能不能满足自己的需要？判断能力也是相当可怕的。

为什么诸葛亮愿意为刘备出谋划策，为什么关张赵乐意与刘备共生死？根本原因就是相知。为什么有的人一见如故，终身追随左右而不悔？那是觉得遇到了能够满足自己需要的"明主"，看到了潜在的信任与未来的希望，而且认定只要自己坚守会一直拥有信任与希望。

想起父亲在我第一次有人来家里说媒的时候劝阻我的话："凤凰不落荒地。"让我能冷静面对，理智作出了选择。兄妹四人，兄弟两个，两间半草房。自己又患肝炎，县长的姑娘怎么可能安心生活在这样的家庭呢？正是父亲的话，警醒了我，让我有拒绝这桩婚事的底气。

联想到当前最热门的转型升级的话题，用一句话来说就是"想当然"。"转型升级"不是你想转就转、想升就升的，它需要资源。大海方能养鲨鱼，河塘只宜养鱼虾，草地宜放牧，森林宜做木材加工厂。

有了资源还需要等待机遇，当然包括创造机遇，否则就不是"转型升级"，而是"瞎胡闹"。

转型，往哪里转？高科技。何为高科技？就是"风能""太阳能"行业吗？就是"纳米材料"吗？电子？互联网＋？人工技能？

放眼世界"百年老店"是高科技吗？成长型企业是高科技吗？做事讲究轻松愉悦，不要太过为难自己，总想超越实力做事是不行的，转型升级更是如此。否则不但不能"转型升级"，而且可能断送企业前程。

经营企业要随缘，企业转型升级也要随缘，有机会不放过，没有机会，耐心等待，先把企业做好再说。

水满则溢　月满则亏

> 山不在高，水不在深，一切唯中庸最好。这不是不求上进，而是一种心态，一种策略。

〔原典〕

山峭者崩，泽满者溢。

〔释文〕

山峰越是陡峭，就越容易崩塌；湖泊越过其容量，就会四溢。做人做事，刻意追求完美，往往适得其反。

〔仲跻和感悟〕

山高峰陡，久雨易塌；池塘浅小，容量有限。

万事讲度，适度则好。水好，久旱逢甘雨是人生的一大快乐。水多了，也不好。1998 年的长江洪涝灾害，虽说有许多可歌可泣的英雄故

◎ 山峭者崩，泽满者溢

事，但对社会、军队、百姓带来的伤害，至今难以忘却。电影《2012》的水更是惊心动魄的可怕。想到《2012》的场景，用毕生拼搏挣来的一切，似乎都是微不足道的。人能活下来才是最重要的。

就像全球"大流行病"，像瘟疫，钱再多有什么用？活下来，才是最重要的。

聪明能干好，过分的聪明能干未必好，遇到一个武大郎式的领导，则未必聪明好。

当然，如果说"大聪明"也许不同了。何为大聪明？大智若愚、深藏若虚、虚怀若谷、不露锋芒，也就是看不出聪明的聪明。

权势好，但无制约的权势，又断送了多少人的自由、幸福，甚至于生命。正如一首歌唱的那样："没有的，总想有啊，得到的，还盼望"，结果呢——"透心凉"。

现在都讲究做"行业老大"，其实，行业老大未必好，易"崩"，"树大招风"，容易成为攻击的目标；易"溢"，容易滋生自满情绪，放松努力，自我膨胀，得意忘形，结果自毁基业。其实，做行业里的二、三名就不错，既有地位，又不致被当作敌人，也就省却一些烦恼。

做人也一样，既不要期望被"高呼万岁"，也不要企求"一人之下，万人之上"。还是现实一些好，做个中上的人，与上可以沟通，能说到话，与下有朋友，不致孤单。有一群合胃口的好友，我期盼的人生。

山不在高，水不在深，一切唯中庸最好。这不是不求上进，而是一种心态，一种策略。

取石取玉　目光长远

不同的人,不同的人生,选择的"石"有可能雕刻打磨成为"玉",反过来,选择"玉"也可能荒废成为"石"。

〔原典〕

弃玉取石者盲。

〔释文〕

放弃玉而猎取石头的人,是傻子、瞎子。什么是人生最宝贵的东西呢?必须弄明白。

〔仲跻和感悟〕

弃玉取石,未必是愚;弃石取玉,未必是智。

如果单就玉与石来说,弃石取玉的可能性会有,弃玉取石未必会发生。如果要在玉之优劣之间作出选择就难了。如果把人当玉,更是难上加难。

玉石易辨，优劣难辨。人比玉多了变幻莫测，再加上人对人的要求是千变万化的。如此，优劣是相对而言的，适宜为优，不适宜为劣。今天适宜，未必明天还适宜，后天还适宜。此方面适宜，未必彼方面也适宜。

人们常用"丢掉西瓜捡芝麻"来讽刺挖苦一个人不会抓大事。其实，换一个角度来看，未必不是明智之举。比如只有拣芝麻的体力，只有享用芝麻的福气，只有拣芝麻的手段，丢掉西瓜拣芝麻就是明智之举。

由此，我想起刚参加工作时进哪个厂的选择。如果用现在人的选择标准，我所做的就是个愚蠢的选择。进大公司，进外资企业，进国有企业。"有道理吗？"有。

"没道理"，也可以这么说。就看准备人生怎么走。也许是我的"宁当鸡头、不做凤尾"的信仰决定了我的选择：没有选择大厂，而是选择了一个年产值只有20万元的小厂。当然，事实证明，当时的选择是正确的。因当时只有20万产值的小厂，如今已是20亿产值的企业，而80年代风光的大厂已是尸骨无存了。

是"玉"？是"石"？要判断准确。是"优"？是"劣"？更要判断准确。不同的人，不同的人生，选择的"石"有可能雕刻打磨成为"玉"，反过来，选择"玉"也可能荒废成为"石"。

色厉内荏　外强内弱

遇草即食，羊之本性；虽有虎妆，难有虎威。

〔原典〕

羊质虎皮者柔。

〔释文〕

羊披着老虎的皮耍威风，永远改变不了它那柔弱的本性。人真正强大
的是内心世界。

〔仲跻和感悟〕

遇草即食，羊之本性；虽有虎妆，难有虎威。

伟人毛泽东在《矛盾论》中曾说过的：外因通过内因而起作用。

质：内在本质；皮：表面现象。

是羊难成虎，披上虎皮还是羊。

一个人是不是聪明？是不是小气？是不是君子？是不是领导？是不是老板？靠外表是很难判断的。

同一人，有的人说他是"好人"，有的人说他是"坏人"；还有的人，昨天被认为是"好人"，今天就被认为是"坏人"了。为什么？

其原因有三：要么被假象所迷惑；要么自己喜欢的标准发生了改变，昨天喜欢的今天未必喜欢了；要么是那个人本身确实发生了改变，变得我们不喜欢了。

羊爱食草，披了虎皮的羊，还是羊，见了鲜嫩的草，难免露出爱食草的本性。

虎爱吃肉，也不会因为披上了羊的皮，就成了羊，见到肥美的羊羔，眼睛还是要发亮的，口水也是要流的。

企业领导最重要的工作就是识人、用人。一定要记住：人性是天生的，能力是天生的。不要寄希望于培养，特别是已经工作过三年以上的员工，更是如此。

用人的话题，离不开识人的前置条件。如何识人各有各的说法，而且都有用。就像"条条大路通罗马"一样。识人的智慧，识人的标准，书上有许多，是不是都适合你？也许还不是一个两个。因为不同的人需要不同的识法，你的能力又决定你与他人的区别。

由于人天生的伪装能力与善变能力，看到的只是一时掺杂了太多的虚假的言行。只靠这些虚假的言行，人的本性是难以看到的，人的能力是难以看清的。

为什么企业老板觉得"无人可用"，而员工又觉得"没有得到重用"呢？其根本原因是被假象所迷惑。不是企业领导看不到员工本质的潜能，就是员工过高地估计自己的才能。

怎么办？省心的办法是，让时间说话，让事实说话。当然，也可以让智慧说话，提升自我的识别能力。

抓纲带目　纲举目张

抓住关键，有条有理；分清主次，事半功倍。

〔原典〕

衣不举领者倒。

〔释文〕

一件衣服，不抓住领子是举不起来的。人办事必须抓重点，纲举目张。

〔仲跻和感悟〕

抓住关键，有条有理；分清主次，事半功倍。

俗语常说"打蛇要打七寸""擒贼先擒王"，用毛泽东的话说就是"纲举目张"。社会错综复杂，事情千头万绪，交织成一团乱麻，不知道该怎么样下手。怎么办？像穿衣裳，先抓住领子，抖一抖，找到两只袖子。像打蛇，先瞄准头后七寸，找到一击致命的地方。像抓贼，先抓指挥的那个让贼没了指挥，而自乱阵脚。

在企业，成本、质量、安全、任务，也是纠缠在一起的乱麻，缠住，顾此失彼。怎样才能处理好这四个问题间的关系呢？关键在人。无论是成本、质量，还是安全、任务，都离不开人。想办法让所有参与的人都关注这四个问题，就是抓住了"纲"。四个问题的"目"也就迎刃而解了。用辩证分析法来说，人是主要问题，人的关注度是主要问题的主要方面，人的积极应对态度是主要问题主要方面的主要重点。如此而来，企业最核心的成本、质量、安全、任务，四大问题将迎刃而解。

人是决定性的因素。那么怎样抓好人的工作呢？这就要针对人有什么问题，再对症下药。能力不足的换了，责任心不强的教育加考核。目标分工不明确的就重新分工。

个人报酬未与业绩挂钩的，那就修正定额，严格执行。抓重点，也要会抓，才能抓住重点。

出门观天　举步看地

遇事先详理，出门先观天，行步先看地。

〔原典〕

走不视地者颠。

〔释文〕

走路望天不看地的人，迟早会摔跟头。做事不踏实的人，一事无成。

〔仲跻和感悟〕

方向重要，要抬头看；知行合一，要低头行。

人们常说：进门观脸色，出门观天色。说的是要了解即将进入的环境，否则将给自己难堪。同样，走路只顾想心事，不看脚下，难免会摔跟头。所以出门观天色还不够，还要关注脚下的每一步。

由此及彼，此句话提醒我们：遇事先详理，出门先观天，行步先看地。

◎ 走不视地者颠

不要好高骛远，要脚踏实地，一步一个脚印，而不是眼高手低，率性而为。

对于企业来说，也可以这样理解：天，是客户、规律、愿望；地，是"我想""我要""我必须"。如果我们的心中只有"天"，高昂着头经营企业，而不能面对企业现状，直面企业的实际情形迈好脚下的每一步，就可能摔跤，给企业经营带来意想不到的困难甚至于灭顶灾难。现实生活中，只有"天"、没有"地"的人，大有人在，特别是从事营销工作与客户接触的员工。先是容易忽视企业这个"地"的具体实情，从而说过头话，毁约而导致企业失信，给企业经营增加困难。还有不懂而装懂，结果给企业挖了个大大的坑。而他自己还自以为是，这是不行的。

中坚贤臣　支撑正业

屋无坚柱，房子崩塌；朝无贤良，国将危亡。

〔原典〕

柱弱者屋坏，辅弱者国倾。

〔释文〕

没有坚固的立柱支撑房子就会倒塌；君主没有贤能的大臣辅佐，国家就会灭亡。

〔仲跻和感悟〕

屋无坚柱，房子崩塌；朝无贤良，国将危亡。

弱：不胜任。原因可能是有心无力未尽责，或是有力无心未尽责。

国家的事情有点大，也有点远。我说不清，还是就近来说，可以有话说。在一定规模下，企业有个能力强，又能亲力亲为的一把手，也许不会有问题。

如果企业一把手弱一点，而企业的中高层都很强，企业也不会有大问题。而如果是一把手弱，中层也弱，那这个企业就危险了。也是由于这样的担心，值此企业一把手即将出现交接班的时候，尤其关心这个话题。

企业的业绩是企业团队共同努力的结果，只有一两个能人是解决不了问题的，特别是在不同心多元化的企业更是如此。适用的人才，是企业的制胜之本。

回顾人生走过的"麦城"：合作生产箱包被骗；合作停车场产业失败；合作微电子材料走弯路、合作检测设备失败。虽然原因千差万别，但有一条共同的原因，就是未能有一个得力的"辅臣"。最近去台湾参访，其中有一个箱包厂，当面对工厂的设备时，我又想起当初合作生产箱包的事情。要是当初能有人承担起营运的重任，而不是依赖合作方，也许就成功了。

随着年龄的增长，志趣的转移，更觉得"辅臣"对企业越来越重要了。我能做的也许就是不拘一格选人才、不惜重金留人才了。

当然，还有组织架构也要做相应的调整，以便于能顺利交接班。

伤在枝末　起因中枢

树倒叶先枯，人老足先衰。虽说叶与足都是远离树与人核心的部位，但却是最早感觉到核心的衰退。

〔原典〕

足寒伤心，人怨伤国。

〔释文〕

人的身体之本在足，国家之本在民。足寒冷一直冷到心，民怨恨一直恨到君主。

〔仲跻和感悟〕

人若伤心，手足冰凉；民若怨深，政令难畅。

树倒叶先枯，人老足先衰。虽说叶与足都是远离树与人核心的部位，但却是最早感觉到核心的衰退。其根本原因在于：虽然彼此互为一体，但

243

是出于自保的本能，它们是最容易被抛弃的部分，也就最敏感。

你是否听说："心脏说，我不能出问题，出问题就是大问题。而四肢就不一样了，都没有了，还一样可以'活'。四肢一听，你不在乎我，我就自己在乎自己，造成敏感的本能。"

是国富民强？还是民富国强？对这两个问题的争辩，也许还会永无休止地争吵下去，但对人怨伤国的认识却是无须争辩的。历史上一切短命王朝的事实，就是最好的注脚。

一个国家是这样，企业又何尝不是这样？员工对企业怨深，特别是高层员工、核心员工、关键员工对企业的规章制度有很深的怨言，在执行企业规章制度的时候将会阳奉阴违，执行力将会受到影响。带来的直接影响是企业的要求得不到保障，制度得不到执行。工作不能保质保量完成，最终将导致企业经营目标难以实现。而且会影响到基层员工，一线员工。所以关心基层员工、一线员工，切不可流于形式。

山重基础　企业重人心

> 灾难尚未质变的时候都会有人们常说的灾难"先兆"。

〔原典〕

山将崩者，下先隳；国将衰者，人先弊。

〔释文〕

一座山、一座大楼倒塌，都是根基首先损坏；一个国家衰弱是因为老百姓整天为衣食而愁。

〔仲跻和感悟〕

下已松散，上将崩溃；人心已散，国必衰落。

自然界有规律，春夏秋冬、一年四季。冬天来了，春天还会远吗？灾难的发生也有规律，都会经历从无到有、从小到大、从量变到质变的演变过程。期望能够在灾难尚未质变的时候发现灾难，不但需要智慧，而且需要能力，更需要胆量。灾难尚未质变的时候都会有人们常说的灾难"先兆"。之所以有些时候有的人没有发现先兆，不是没有先兆，而是专注于关注先兆以外的事情去了。就像山洪需要山，需要暴雨，缺一不可。泥石流不但需要山，需要暴雨，还需要松软的泥石。是不是会有山洪暴发，是不是有山？是不是有暴雨？是不是有松软的泥石？这三个原因缺一都不会有山洪。

泥石流，并不是没有先兆的，只是忽视了，从而造成了现在这么多的灾难。松动的山石，连续的阴雨，大量的洪水，是泥石流形成的天然条件。关注这些天然条件，就能防止山洪灾难的发生。

把关注山洪暴发的心思，用在企业管理上，同样可以减少企业的一些风险，为企业经营保驾护航。

为什么有的企业总是缺少生产工人，而有的企业总是能够有足够的工人满足生产规模的需要？其根本原因在于缺少生产工人的企业忽略了生产工人的需要，没能关心生产工人的需要与情绪。员工对工资、对领导、对环境、对尊重的真心需求与心态，要及时掌握，否则会导致企业生产工人流失。原来在企业的生产工人待不住，想得到工作的人听说企业情况后吓得不敢来，就是进来了还没等试用期满企业回他，他就屁股朝企业了，这样的企业能不缺少生产工人吗？

去年在南通工厂，采取调整工资计酬标准，改善工作环境、工作条件，改善休息环境，也就解决了员工切身利益的问题。有些离厂的员工听说了企业的变化，又回来工作了。担心员工流失的问题也就迎刃而解了。

根深叶茂　企强家强

只有企业与员工共赢，企业与员工共同发展，让员工分享企业的发展成果，企业才能长盛不衰。

〔原典〕

根枯枝朽，人困国残。

〔释文〕

大树根部枯死，枝叶必然朽败；百姓困苦不堪，国家必然破残不可收拾。

〔仲跻和感悟〕

枝枯叶落，根朽树倒；人民贫穷，国家难强。

大自然的现象可以理解。枝枯了，枝上的叶子将衰落。树根朽了，所有的树枝都要枯，所有的叶子都要落，最后树也倒了。而人类社会的"民困国残"是不是如此，不敢贸然下结论。国富民强与民富国强，各有道理，各有事实。中国历史与世界历史上皆有国富民强与民富国强的争辩，就是今天，也有着同样的争辩。宋朝是当时世界上最富裕的国家，却被初生的金国打败了。朝鲜战争时，经济困难的中国却没有被世界第一大国美国以及十八个西方国家联盟打败。

我以为尊重仿生学的理论，国富民强似乎是更能适应自然界的规律。当然，未必富就是好。只就国富民强而言，还是国富好。

企业也是如此：只有企业发展了、壮大了，员工才有收益。企业是树，员工是枝，是叶。树茂盛了，叶也就肥厚了。只有企业与员工共赢，企业与员工共同发展，让员工分享企业的发展成果，企业才能长盛不衰。无论是忽视了企业利益，还是忽视了员工利益，即只关注其中之一的利益，其结果就难说了。这一点很重要。

企业在考虑利益分配时，要把股东与员工利益兼顾，既不偏袒也不可平均主义。员工有员工的贡献，股东有股东的投入，只有让股东、员工都满足，企业才有前途。

吸取教训　规避失败

善于总结前人的经验，吸取前人的教训，是自我提升、减少失败的智慧选择。

〔原典〕

与覆车同轨者倾，与亡国同事者灭。

〔释文〕

跟着前面翻车的辙走，后面的车子也是要翻的；跟着亡国之君学，同样是亡国之君。

〔仲跻和感悟〕

行覆之辙，小心覆车；师之失败，小心失败。

善于总结前人的经验，吸取前人的教训，是自我提升、减少失败的智慧选择。当然，彼一时，此一时，世上没有同样的河流，更没有同样的人、事、环境、要求。活学活用，反其道而行之，未必不是坦途。一切没有定规，需要唯物辩证。当然，没有唯物辩证的智慧与能力，也可以记住"前事不忘，后事之师"的古理，也就是踩着前人的脚印走，有时是可以的。

总结，看起来简单，真能总结好，则未必容易。特别是总结前人、古人的经验与教训，更不容易。首先要有历史观，也就是时间观，只有完全穿越到那个时代，活在那个时代，用那个时代的眼光看问题才行。否则，就不是总结前人、古人的经验与教训，而是总结一个既不是前人、古人，又不是今人的怪物的经验与教训。这样的总结，不但无益，而且有害。

再说自我总结，更不容易。能"观自在"，认清自我，辨明是非，太难了。特别是在一个鼓吹自我欲望极度膨胀的社会里，更是如此。为什么传统的经济理论却不能解释当今社会的"中国特色"，就是自我欲望膨胀的原因。自我膨胀未必是坏事，有时也是好事，重要的是注意一个度，不违背自然规律的度。

市场经济强调市场规律。约束膨胀的资本本质，回归市场规律，是充分展现两个优越性的一个制度，是好的安排。如果是简单选择走前人的路，要么市场经济谁都不管，要么计划经济一管就死，都是不行的。所以说简单选择是不是走 前人的路，是错误的、不行的。需要据现实情况做决定。

这个"我"，不只是自然人，还有各级政府及政府的一把手，还有各类企业及企业的一把手。也就是说"我"已经不是自然人的我，而是有着各种特定属性的我，是不敢反映自我属性、自我需求、自我思想的我。这样一来，整个社会就不能客观"反思我"了。更何况，社会形成自吹自擂者得势的风气，又怎么能静心、真心总结哟。

人一生中，难免会有一些失误的决策，甚至严重的失误决策，怎么办？要有壮士断腕的勇气，及早改弦更张，调整决策，及时止损。不要顾及面子，不要顾及小利或短期利益、眼前利益，在发现投资决策失误时，就要勇于不顾面子保住单子止损，及时调整决策。

要想做事，要想经营好企业，则必须学会总结。不盲从，不拒绝，不固执。

将自己的心似"婴儿"般善于包容一切，而不发表自己的见解，这样才有可能找到总结的真谛。

以史为鉴　见微知著

> 已知是错，不可重犯；见露初恶，及早规避。

〔原典〕

见已往，慎将失；恶其迹者，须避之。

〔释文〕

知道过去发生的失败事例和别人犯的错误，现在发现类似的情况，要慎之又慎，避免重蹈覆辙。讨厌失败者走过的老路，就要努力避免，开创新的前程。

〔仲跻和感悟〕

已知是错，不可重犯；见露初恶，及早规避。

不了解情况，可以谅解。如果说已经知道是错误的决定，还要继续执行，是不可原谅的。这一点在用人方面显得格外的重要，特别是任命高层人员、核心人员、关键人员。任命前的情况了解要详细、准确、全面，了解聘用人的品德、能力尤其要紧。但无论你怎样去了解，都是针对他过去情况的不全面的了解，而一个人在新的环境中，既会保留他本性的东西，又会在新的环境中滋生新的东西，要想了解全面、准确、真实，谈何容易啊！

一旦发现人员任命错误，就要立刻作出调整决定，不能存任何幻想。否则将给企业带来更多的损失，给被任命者造成更大伤害。虽然会影响到"面子"，但相对于企业的兴衰，个人面子又算得了什么。

其实，与人合作，也同样需要在发现不好苗头时，当机立断，果断止损。

◎ 见已往，慎将失；恶其迹者，须避之

居安思危　忧劳兴企

唯一能够做的事情就是尽量往坏处想，把可能发生的问题都想到，把应对的措施都想好，然后往好处努力。

〔原典〕

畏危者安，畏亡者存。

〔释文〕

人懂得和惧怕危险，就能保持警惕和提防，获得安全；人知道死亡和畏惧死亡，就会想办法去对付死亡，反而能活得长久。

◎ 畏危者安，畏亡者存

常思己危，料无大祸；常想快亡，其身易存。

家乡人常说："病人床上睡，死人路上行。"意思是常生病的人未必是最先死的人，健康的人反而容易是先死的人。此话未必是放之四海皆准的真理，但在某些特殊的环境还是有道理的。我在四十年前被诊断"活不过三个月"，至今四十年过去了，我还能愉悦地活着，而诊断的人却先我去了。还有曾经为我担心，劝导我"要珍惜身体，注重保养"的人，也先我去了。

企业发展到今天，也是在常思危机、常想快亡的历程中走过来的。企业明天会发生什么，我也不知道。唯一能够做的事情就是尽量往坏处想，把可能发生的问题都想到，把应对的措施都想好，然后往好处努力。当然，这里也要感谢到了年关岁底的时候，总是善意提醒我"别看今年红火，明年肯定不行"的好心人们。

危机管理，应该说在企业经营中是起了作用的，它能让大家冷静面对现实，看到存在的问题，找到解决问题的办法。长此以往，才有了企业的今天。

"狼来了"，其实狼一直就在身边，只不过是狼没有找到机会把你吃掉。因为你时刻都保持高度警惕，让狼没有下手的机会。特别是近两年来，在时间与精力的安排上，我由"企业第一"转变为"身体第一"，身体状况得到明显改善。同时把养生修炼的观念用在企业经营上，注重企业的强身健体，优化产品结构，让产品更有生命力，调整组织架构，让集团资源能统一发挥作用。制定规则，让所有人都知道干什么，怎么干，干好干坏会怎么样？有了这些，企业抵抗风险的能力就强多了。

循道福报　逆道凶祸

佛修心，道养身，儒做事。儒、道、佛三修。

〔原典〕

夫人之所行，有道则吉，无道则凶。吉者百福所归，凶者百祸所攻。非其神圣，自然所钟。

〔释文〕

一个人的行为合乎道义，符合自身发展的规律，就吉祥如意。反之，违反道义和规律，凶险就来了。无心求福，福会自来；有意避祸，祸从天降。一个人是福是祸，不是神仙和圣人决定的，而在于人心的善恶，这也是一种自然规律。

〔仲跻和感悟〕

言行有道，福报自来；多行不义，祸从天降。

因果报应不是佛教的发明，而是自然规律。种瓜得瓜，种豆得豆，情理之中。如果说有一天发现种下的南瓜种子，长出来的是黄豆苗，一定会惊愕得不知所措。

被人占些便宜是好事，说明你已经拥有了很多便宜，让人羡慕，觉得你太多了，是利益的拥有者，也就是社会上说的改革开放的"既得利益者"。

因果报应不只是人所独享，企业、政党、国家都难逃因果报应的规律。所以无论是企业、政党、自然人，言行都要有道，否则祸从天降。何为道？自然而然的规律。顺应自然，适应环境，尽人心，使全力。

至此，想起孔子。我不知道还有谁像孔子一样一会儿被捧上天，称为"圣人"，一会儿又被骂为"孔老二""打倒孔家店"，连弟子也不放过！为什么？如果说"有道则吉，无道则凶"，那么，孔子是有道呢？还是无道呢？至少对孔子的"道"，不同的人有不同的看法，不同的时代有不同的看法。由此可见，当我们选"道"的时候，就要认清"道"。"道可道，非常道"啊！道是无形的，有形就不是道了。

所说的这些肯定不是真理，也未必适用于所有人。只是空闲时说出心中的感悟，借之修炼自我罢了。是不是有用？是不是适合你？问自己吧！

自我反思：人生是否得"道"？不敢评说。曾经选择做"菩萨一样的企业家"，慈悲为怀，普度众生。我接触了"道""我命在我不在天""勤奋练功，力争做个'自了汉'"，不给社会、子女添乱。我主张：佛修心，道养身，儒做事。儒、道、佛三修。其实，做好人，做好事，没有错。作为凡人，企业人，不需要太多宗教，能有颗善良的心足矣。善有善报。

善心无恶　远虑无忧

让员工、客户、供应商都分享到企业发展的成果，就是企业最大的善。这样的企业才能行稳致远。

〔原典〕

务善策者无恶事，无远虑者有近忧。

〔释文〕

一个仁人又能策划，他就不会做出什么坏事；没有长远思虑的，常常会带来眼前的忧愁。

〔仲跻和感悟〕

心善行善，人生少敌；不思明天，难有后天。

由于种种原因，行善似乎变得艰难了。

其实，行不行善，首先重在心，而后才是行。有了善心，善行自然而然，没有善心，善行显雕琢。善行为善心，为自己的心灵解脱，非是为他人。其实，担当责任，也是行善，也是为自己的心灵解脱。如此，还会因为担当、责任痛苦迷惘吗？

鼠目寸光，是耳熟能详的一个成语。但目光短浅不是老鼠特有，也是人类易有的毛病。鼠目寸光的行为，在当今社会，表现在急功近利。如果是下象棋，错了，一是可以悔棋；二是输了不就是一盘嘛，还可以再下一盘。如此，尚要"看三步，走一步"。何况人生，既不可以"悔棋"，也没有第二盘可以重新来过，更没有回头路可以走，"重过二十五"，鼠目寸光能行吗？

就企业经营来说，"善"有几个方面：对内善待员工，把员工当家人，员工才能把企业当家，才能全身心投入到工作中，才能有好的产品、好的服务。有了好产品、好服务，企业才能有竞争力。

对外要善待客户、供应商，形成企业上下游的忠诚合作，把客户当成企业的一个组成部分，把供应商当作企业的一个组成部分，形成利益共同体。虽说客户是上帝有时有点儿要求高，但客户是企业生存的命脉是一定的。对掌控企业命脉的人，只有言听计从。把客户当上帝，善待客户尚可理解。把供应商当家人，善待供应商，就有许多人不理解了。之所以会如此，是因为没想到供应商实际是在帮助企业挣钱的事实。试想一下，没有供应商，什么都是企业自己做，企业会有多难？

坚守供应商与客户与员工共同发展、共同富裕、共同发财的理念，让员工、客户、供应商都分享到企业发展的成果，是企业最大的善。这样的企业才能行稳致远。

志聚同事　仁聚人心

志同道合，趣味相投；仁者爱人，倾心相助。

〔原典〕

同志相得，同仁相忧。

〔释文〕

志同道合的人，常常能紧密团结，有爱心的人容易走到一起。

〔仲跻和感悟〕

志同道合，趣味相投；仁者爱人，倾心相助。

人是复杂的多面体，特质是多面的，会视需要而展示。当然，人也有相对来说不变的东西，那就是人的本性的东西。有些人适宜做同事，有些人适宜做朋友。同样，有的人适宜做财务，有的人适宜做销售，还有的人适宜做管理，也就是天生的管人的料。要想能够处理妥当人的问题，识人识岗是关键。《素书》在识人识岗方面有着许多的论述，什么样的人就有什么样的对应的性格特征，性格对人的言行会有什么样的影响，等等。

经营企业几十年，风风雨雨几十年，企业的员工也似大浪淘沙，进进出出不断，留下来的都是金子，一点儿也不为过。他们是企业的栋梁，是企业的财富，是企业生存发展的中坚力量。之所以会留下来，就是志趣相投，也就是有共同的价值观、共同的理想、共同的目标、共同的爱好、共同的语言，也就是能说到一起去。当然，也要有具备适应企业需要的能力。

管仲视鲍叔牙为知己，孔子喜欢颜回，之所以会如此，就是因为他们彼此志趣相投。

人以群分　聚散有常

识人用人是门艺术，这艺术就是恰到好处。

〔原典〕

同恶相党。同爱相求。同美相妒。同智相谋。

〔释文〕

做坏事的人常常结帮结派、狼狈为奸。爱好相同的人往往会形成一个小圈子。两个美女在一起，会产生嫉妒心理。选择对手总是找够资格的人。

〔仲跻和感悟〕

臭味相投，同好易聚。同美冤家，对手相轻。

身为企业的老板，了解这些，才能不偏听偏信，作出正确的判断，才能事半功倍，解决好存在的问题。

识人用人是门艺术，这艺术就是恰到好处。识人的关键，就是懂识人艺术，会识人艺术。《素书》每读一次就是一个版本，你读了几次，就有几个版本。而我的版本与你的版本并不是一回事。你信吗？因为同是《素书》，你读到的与我读的不是一回事。今天读到的与昨天读到的不是一回事。我读到了什么？当然是我心中的这本，现在在你眼前的版本。

人们选择不同的企业、机关单位结成不同的团体，除掉利益的因素、信仰的因素外，还有脾气性格的相近的因素。物以类聚，人以群分，"道不同，不相为谋"。

有着共同喜好的人，易于成群。喜欢京剧的票友与广场舞的老年人不可能掺和在一起，喜欢《红楼梦》的与喜欢金庸小说的也不可能掺和在一起。

放眼公司午餐后的员工随意散步，也是财务会计在一起的多，销售人员在一起的多。偶尔有例外，也是有了特殊需要。

当然，同行是冤家，同类是冤家，同智是冤家。武则天与韦庶人、赵高与李斯、诸葛亮与周公瑾、刘备与曹操的故事就是最好的证明。

同频共振　温和调整

之所以产生共鸣，是因为有相同的声音。之所以产生共震，是因为有相同的频率。

〔原典〕

同贵相害。同利相忌。同声相应。同气相感。

〔释文〕

具有同等地位权势的人总是相互排挤、倾轧。有相同利益的两个人总是相互憎恨。凡是能够产生相互影响的人，都具有本质的相似性，他们忽略表面的差异，把握相互间的内在联系。

〔仲跻和感悟〕

一山不容二虎，一女难嫁二夫。声音相同，产生共鸣；脾气相同，喜欢常聚。

一件事情，如安排两个人负责，最终就没有人负责。就像"一个和尚挑水喝，二个和尚抬水喝，三个和尚没水喝"的笑话一样。解决这个问题的方法就是要么只留一个，免除一个或调走一个；要么让彼此竞争，争出一个，这就是残酷的事实。

一个家庭，也是这样。做事的不做主，事情肯定做不好。做主的不做事，不了解情况，主也做不好。根据人生的三次合作阅历，得出把"不能与需要问女人之见的男人合作"作为我的一个投资先决条件。

一个苹果，两个人要，怎么办？要么协商出双方满意的分配方案，要么斗争出一方满意的分配方案，除此之外，没有更好的选择。两个人，一个苹果，是这样。两个企业，一个订单，也是这样。一个岗位，两个人争也是这样。

共振、共鸣，两个常说之词。之所以产生共鸣，是因为有相同的声音。之所以产生共振，是因为有相同的频率。

有些事，不好调和，但可以温和。知道了本质的东西，就可以温和了。适当让步，也许很"丢面子"，但最终一定是会帮你保住面子。

原则定下来，细节上做些调整利于和谐，认清了，什么都好说。

与人相处　识人为先

风雨雷电，明主贤相。志同道合，事半功倍。文人相轻，武士相恶。不是怕偷，也是不服。

〔原典〕

同类相依，同义相亲，同难相济，同道相成，同艺相规，同巧相胜。

〔释文〕

同类型的人可以相互依存。品格相近的人容易结为亲密伙伴。处于困难中的人们，容易相互理解，相互支持，共渡难关。志同道合的人为了共同的目标团结在一起，能够成就事业。同行往往相互窥视对方，要争出个高低胜败。凡是有相同技巧和实力的人总是心高气傲，一争短长。

〔仲跻和感悟〕

风雨雷电，明主贤相。志同道合，事半功倍。文人相轻，武士相恶。

不是怕偷，也是不服。

同类型的事物可以相互作用，就像风雨雷电一样，风来了，雨还远吗？电闪了，雷还能不鸣吗？人类社会也是如此，明主不担心没有贤相，才子不愁娶不到佳人为妻。

《素书》的用词，令我心服：言简意赅、登峰造极。没有生活阅历，没有文字功底，很难有如此用词。"依""亲""济""成"道出了人生活动规律的自然状态，读懂了心悦无比。

兄弟姐妹之间会为了一点儿的利益争得面红耳赤，但有人欺侮大哥的时候，小弟一定会帮助大哥一致对外。

打江山，办企业，都需要一群志同道合的人共同努力，否则将一事无成。当然，志同道合不是说能力相同的人，是兴趣爱好习惯相近，而能力又是互补的人。就像是要想将一根钉子钉在木头柱子上挂东西，必须有木头柱子、钉子，还要有斧头，缺一不可。而且是斧头钉钉子，钉子钉木头，才能完成任务。反过来，木头钉钉子，钉子钉斧头，就难以想象。

不违天命　遵循而为

企业转型升级有个"不可与理违"的问题。

〔原典〕

此乃数之所得，不可与理违。

〔释文〕

凡是成就事业的人，都是顺天数顺人数，违背人性和违背自然规律的人一事无成。

〔仲跻和感悟〕

前面所说，客观规律；心无羁绊，顺其自然。

人生无论遇到什么，唯有坦荡面对。面对突然爆发、在全国蔓延的新冠疫情，除掉严防死守，又能怎么样？已经这样了，就只好这样了。一切抱怨、逃避、责怪都是没有用的。

如果总是"我想怎么样？"是不适宜的，需要常思："我能怎么样？""我可以怎么样？"宅在家里，就是最好的支持，严防死守疫情传染。

企业发展到一定阶段，转型升级是必然，也是大势所趋，更是时尚话题。其实，企业转型升级有个"不可与理违"的问题："我想"没用，要"我能"才行。"能力""机遇""我想"相结合才行。否则空谈转型升级只能是笑话一个。现在政府一味地要求企业转型升级，未必是好事，有"瞎指挥""拔苗助长"之嫌。

无论是企业涉足新能源，成功收购某公司的股权，还是在持股四年后成功转让股权后华丽转身，退出新能源，这所有的发生，真的不是"我想"的，而是"我能"的结果。没有信任伙伴的建议，没有这些年来的企业的积累，没有这些年的不断学习与修炼，根本就没有可能参与持股，更没有退股时橘子洲头"谢庄子"的逍遥。

《苏商》杂志的记者采访我，问我："未来准备怎么样？"我说："没有未来，只有现在脚踏实地地把手头的事情做好！未来由未来去安排。"

律己正人　随善必众

作为企业的一把手，一定要自律！自律！自律！

〔原典〕

释己而教人者逆，正己以化人者顺。

〔释文〕

只要求别人不要求自己，别人是不会听他的。自己以身作则，公正合理，别人就会顺从，从心里佩服他。

〔仲跻和感悟〕

"必须那样"，未必有用；"像我这样"，号召力强。

曾经有人戏说：为什么共产党得天下？国民党失天下？根本性在于：共产党的军官是号召士兵"跟我冲"，国民党的军官是要求士兵"给我冲"。一个"给"，一个"跟"，形象化地道出了两个军队的战斗力状态。正是共产党能够"正己""化人"，所以说话有人听，能够打胜仗，得天下。而国民党是"释己""教人"，因此没有号召力，只能打败仗，逃亡台湾岛。

子女教育，亦是如此。父母亲是子女的第一任老师，而且是贴身老师。父母的勤劳、礼貌、节俭对子女有很深的影响。人们都羡慕我有两个懂事的女儿，女儿们"懂事"，正是因为我们"懂事"。正如星云大师说的那样：子女是父母的复印品，父母能怪复印品不好吗？

企业又何尝不是这样，要求员工做到的，老板自己首先要做到。只有这样，"要求"才能得到落实。否则将给提要求的人自己难堪。

身教胜过言教的道理好懂，但要做到很难。为什么？一是人的懒惰、虚荣、贪婪的本质所决定的。没人管的人，是最容易忘乎所以的人，其暴露本质的概率更高；二是误以为"释己"是特权。以为"领导"没有点儿特权，不是觉得"没面子"，也是觉得"没意思"，从而放松了"正己"的修行，造成了说话没有人听，工作难完成的难堪局面。在这一点上，作为企业的一把手，一定要自律！自律！自律！

企业管理　理顺关系

> 上下一心，点石成金；内外无序，一事无成。

〔原典〕

逆者难从，顺者易行；难从则乱，易行则理。

〔释文〕

属下不顺从就难统领，容易发生变乱。属下认同领导，上下一心，事业容易成功。

〔仲跻和感悟〕

上下一心，点石成金；内外无序，一事无成。

金木水火土，顺则相生，逆则相克，乃是自然规律，非人力所能左右。万事皆有规律，人唯有遵从规律，利用规律，否则将遭遇报应。

对于企业来说，有两个角度要兼顾：站在企业领导的角度，无论是修订制度、规定，还是进行工作分工，都要兼顾到员工个性化的需求，只有这样，制度、规定才能是有效的。

站在员工的角度，"人在屋檐下，不得不低头"，既然选择了企业，就要从企业的角度考虑问题。企业用人，要么挣钱，要么省钱。如果你既不能挣钱，也还能省钱，你还要好岗位，还要高工资，还要企业尊重你，奉承你，怎么可能？在这些问题上要主动适应企业制度、规定，适应企业的岗位安排，工作安排，否则，不但自己痛苦、难堪，也让领导、同事痛苦。这又何苦呢？

彼此为对方想，兼顾所有人的感受与利益，才能形成共识，达成合力，推动企业各项工作的开展，实现企业的经营目标。

读书明理　活用者生

理在哪里？在有权有钱的地方！

〔原典〕

如此，理身、理家、理国可也。

〔释文〕

本书所总结的人生经验是至理名言，细加体味，用于实践，可以修身、齐家、治国。

〔仲跻和感悟〕

以此明理，做人无祸；做事能成，治理贤明。

阅读此文，越到后来越觉得矛盾，文中前后自相矛盾的观点，令我无法理解。产生过此书是否真是成就张良的那本天书？

也有个想法：将它与企业管理联系起来再看看，有没有什么新的感悟。

其实，社会如此，矛盾丛生，矛盾不断。社会本来是矛盾的，旧的矛盾解决了，新的矛盾又来了。人生亦是如此。要想做些事，展示才能，就要不停地解决矛盾，没有先例可循，没有捷径可走，只有面对现实，坦然处置，抱着既在乎又不在乎、既争取又不争取的心态，在处理的过程中寻找一个度，这个度以我觉得好就行。

我读《素书》，崇拜过、兴奋过，也迷茫过、失望过，但最后还是坦然了。《素书》就是《素书》，不是灵丹妙药，无法包治百病。

时隔十年，再来读此感悟，又有了些新的感悟。《素书》有它的应有价值，古人推崇它，自有推崇的道理。我之所以越读越迷失自己，甚至对《素书》的智慧产生怀疑，可能是我自身出了问题。真正的智慧，是无智慧；真正的有用，是无用；真正的快乐，是不快乐；真正的幸福，是不幸福。为什么？让阅历告诉你，求能求到吗？未必如愿。正道，就是正道吗？未必是正道！道德也是这样。我认为的道德，对他来说未必是道德。与其如此，还不如顺其自然，活在当下，做力所能及的事情。

《素书》曾经激励了我，让我产生冲动，不但我读，而且要求同事们读。现在想想，好可爱，何必呢？

又过三年后，我还是觉得应该让企业高层读《素书》。

悟后悟

悟后悟之一——德与得浅说

人生在世为得而得，理解；依德而得，理所当然；为德而德，了不得。能否从为得而得，升华为依德而得，最终涅槃为德而德，既在乎个人的悟性，也赖于"拈花"的机缘。

得：得到；满意；适宜；等于；需要；可能。

德：品行；节操；信念；恩惠；和谐；自然。

如此说来，得也好，德也罢，皆为人之所欲、所好、所喜、所爱。

《素书》上说："德者，人之所得，使万物各得其所欲。"我的理解：人能够得到的是什么？"德者"！何为"德者"？"所欲"！何为"所欲"？需要；所爱；所喜。需要什么？喜悦什么？爱好什么？还有恩惠；和谐；自然；满意；信念；适宜等，又是什么意思？

非是玩弄文字游戏，只想离生活的本来面目近些。人生在世，有些问题是越想说明白，便越是说不明白。既然知道说不明白，就不说呦。

虽然是真话，结果越说越不明白，连自己都不明白，何况他人？由此，想起拈花微笑的典故。一天，释迦牟尼佛祖给众生讲法。弟子们望着佛祖，而佛祖却一句话也不说。伸手从身边的花盆中，拿起一朵花，面露笑容。见佛祖拈花，迦叶"破颜微笑"。这师徒两人神神怪怪的行为，合在一起，就叫作"拈花微笑"，而更多的众生仍在期待着佛祖开示。

我乃一凡人，既无佛祖之智慧，也无迦叶之慧根，又无著书立说之本能，也就更不能说清得与德之根本。只能在人言亦言的基础上，浅浅地加上我的观点。

要得，就要有德。要想得，首先心中要有欲望，也就是想法，也可以说是理想、追求。大欲大成，小欲小成，无欲不成。此欲非一般之"欲"。

二是欲望要"使万物各得所欲"。不能为了自我的欲望，夺取了他人的欲望，或者说伤害了他人的欲望。说得再简朴些，即是欲望要符合"让他人得到好处"的基本原则。

三是将欲望付之于行动。只是停留在欲望的阶段，等于没有欲望。得与德皆从"彳"，就是要行动起来才能谈到得与德。没有德，肯定没有得；有了德，未必能够得；为得而得，人之常情；依德而得，愉悦人生；为德而德，人之俊杰。

依德？即在"让他人得到好处"的前提下，得到；满意；适宜；需要；可能。

人生在世为得而得，理解；依德而得，理所当然；为德而德，了不得。能否从为得而得，升华为依德而得，最终涅槃为德而德，既在乎个人的悟性，也赖于"拈花"的机缘。

没有"拈花"的佛祖，也就没有"一笑"的迦叶。当然，也就没有神秘的"拈花一笑"的禅。

以上这些，得益于江苏省国画院的刘云老弟醍醐灌顶的直击。回忆人生，虽不敢说已经是依德而得，至少不是为得而得。欲有大小之别，是满足于小欲？还是应该用大欲取代小欲？至少已经忽略了类似问题很久。是年龄特征？是德性升华？仔细想来，德性升华为主，年龄特征为辅。

当你能够做更多事情，担更多责任的时候，不是想方设法地去主动请缨，而是以年龄特征、身体素质，或者说以"无为""戒贪"为借口逃避，是俊杰所为？既然求德，又为何要拒绝德？唯有的解释是名为德，实为得。能够让更多的他人得到好处而不为，是应该的"无为"吗？想一想，觉得脸颊发烧。

悟后悟之二——2009年的最大收获——度

> 为了他人活，是需要能力、境界支撑的，不是想为他人活，就能为他人活的。

过去的2009年，丰富多彩，人生如此，企业亦如此。

曾经有人说：教授把简单的问题复杂化；企业家是把复杂的问题简单化。回顾历年来参加的各种培训学习与实际工作中发生的一切。发自肺腑地佩服此话的精确。

教授要懂理论，理论要逻辑推理，要有根有据，为了证明自己是教授，就要靠理论，不讲理论还是教授吗？

企业家就不一样了，凭直觉决定，凭业绩说话，企业家没业绩，没直觉，还是企业家吗？

2009年，谈得较多、听得较多、想得较多的是：怎样活？为什么活？也许是美国电影《2012》放大了玛雅人的预言效果，催生了全人类的悲观情绪。挣钱干什么？人都快没了！要钱干什么？没钱不行啊！十亿美元才能买到一张进入下世纪的船票。不当官不行啊！我没钱，进入下世纪的船票就靠权力了，这样的三大类理由似乎有点道理。为了能活下来，有人在为那张船票而拼命地挣钱、夺权，也有人抛弃、放弃了努力。

《素书》《心经》是 2009 年伴随我时间较多的两本书，是它们陪伴我想明白了为什么活？怎么样活？

先想明白为什么活。如果说还未能想明白为什么活，就先想一想吧！否则，活着与死了有什么区别？

为什么活是原则、方向。就像龟兔赛跑中的兔子一样，方向错了，跑得再快，也是注定要失败的。

为自己活，没有错。自己都没有了，还谈什么哟。

为了他人活，是需要能力、境界支撑的，不是想为他人活，就能为他人活的。只有能力，没有境界，哈哈——到头来不是被抓，也是"被"自杀，至少也是"没有人缘的财主""人模狗样的贪官"。有境界，没能力，不是被家人、朋友、同学、同事讥笑，也得被说成"疯子"。

对我来说，当然早在儿时就想明白了为什么活。大部分的时候是为他人活，只是人生之途也偶尔犯浑，忘掉了自己追求的是为什么活，人的本性需求临时占据了大脑的指挥地位，也为自己活一下。

当为什么活确定之后，怎样活就决定一切。怎样活是过程，没有过程，肯定没有结果。

要想证明自己是为他人活，就要以人生的生活工作过程来演绎，而不是靠自我标榜。

怎么活，《素书》上说："德足以怀远，信足以一异，义足以得众，才足以鉴古，明足以照下。""行足以为仪表，智足以决嫌疑，信可以使守约，廉可以使分财。""守职而不废，处义而不回，见嫌而不苟免，见利而不苟得。"《心经》上说："色不异空，空不异色。色即是空，空即是色。受想行识，亦复如是。"透过其中的字符声息，发觉"度"是我最需要的灵魂。

复杂好，简单好。为人好，为己好。仁义礼智信。色也好，空也好。都好，都不好。一切唯度，失度之后，好，即是不好。

回忆走过的2009年，人生的最大收获就是度。

悟后悟之三——人是最难读懂的书

人是最难读懂的书，但要有"明知山有虎，偏向虎山行"的勇气，一定要想方设法读好企业的每本最难读的书。

近来遇到了一些难以解脱的困惑，感到有点儿力不从心。按理说，不应该这样，但事实就是如此。不仅不能坦荡面对现实，而且越发迷惘，不知所措。

既然不能接受价值观念、不愿"被限制"，那为什么不选择离开呢？又为什么没有勇气接受现实呢？更为什么没有勇气说出心里的话呢？

经此，得到一个结论：人是最难读懂的书。说的话不可全信，又不可不信，怎么办？用心品味呗。

该听的听，该信的信。不但要能够听懂话中话、话外话、话里话，还要耐着性子等候说话者用行动来注释说话者的真实意图。

人们常说："道不同，不相为谋。"怎么理解？不同的人，有不同的答案；相同的人，不同的事情，有不同的答案；不同的人，相同的事情，有不同的答案；相同的人，相同的事情，不同的时候，有不同的答案。为什么？因为人是个矛盾体。自己也说不清自己是谁？或者说是大胆承认自己是谁？

用哲学的话说，不同是绝对的，同是相对的，记住了这个，还困惑吗？

面对如此"最难读懂的书"，除掉说"惭愧，惭愧"之外，又能如何？虽说活了六十多年，且自认为是个爱动脑筋的人，不敢说阅人无数，至少也经历过一些，但还是不得不承认我又错了，错误地领悟了手中的这本"最难读懂的书"，而且可以戏称之为"最难懂的天书"。我知道是我的悟性不够，能力不足，未能有识得"天书"的福气。

不知者，不罪。知道了，不改，罪加一等。现在既能知道自己无能读懂手中的"天书"，那就勇敢地选择放弃这本书，让有能力的读者品味这本天书吧。而我则去重新选择能够读懂的书看看。既能愉悦人生，又能增添活力。

身为企业老板，用人是头等大事。特别是到了现在的阶段，老板的工作就是做文化、战略、用对人。人是最难读懂的书，但要有"明知山有虎，偏向虎山行"的勇气，一定要想方设法读好企业的每本最难读的书。再好的文化需要有人践行，再好的战略，需要人来执行，不能读懂人，也就无法用好人。

用好《素书》的智慧，读好企业人。人的问题解决了，其他的问题也就好办多了。

经营企业几十年，面对人，还是有些怵。

悟后悟之四——贡献就是被不断地需要

工作将在承诺贡献后得到机会；能力将在作出贡献后得到认可；尊严将在作出贡献后得到彰显；待遇将在作出贡献后得到改善；升职将在作出贡献后得到实现。

你送过礼吗？还记得是为什么送礼吗？

也许正是需要与感谢的差异因素，同样是送礼，因需要而送礼多了些许的礼节性、被动性，因感谢而送礼，多了些许的情趣性、主动性。为需要而送礼，就是告诉收礼的人：我需要得到你的帮助、支持、照顾；为感谢而送礼，就是告诉收礼的人：我需要继续得到你的帮助、支持、照顾。无论是因为感谢而送礼，还是因为需要而送礼，都是为了我的需要。

你收过礼吗？还记得是人家为什么给你送礼吗？

我也收过礼！有钱，有物，有情，有面子，有职位。为什么我能够收到礼？不是因为我替送礼的人作出了贡献，就是送礼的人需要我为他作出贡献。

由此可见，是人，既可能会为了需要、继续需要而送礼，也可能会为了被需要、被继续需要而收礼。

　　企业也是人，也会为了需要、继续需要而送礼，也会为了被继续需要而收礼。

　　人的需要是千姿百态、五花八门的，送礼的最佳境界就是投其所好，满足需要。既然如此送的礼也要丰富多彩，需要什么送什么。只有摸透收礼人的脾气，知道其喜好与需要，才有可能送礼的时候达到投其所好的效果。最终达到送礼和收礼的皆大欢喜。

　　企业这个社会法人需要了解员工的喜好与需要，员工也需要了解企业这个社会法人的喜好与需要，只有彼此相互了解，才能达到彼此皆大欢喜。员工如何了解企业这个社会法人的喜好与需要呢？在上次临时的管理人员会议上，给与会者分发了一张小纸片，主要内容即是列举了六种“被需要的情形”，也就是企业作为一个社会法人，它的喜欢，它的需要：

　　一、当企业或领导遇到困难、烦扰或徘徊不知如何应对之际，需要“你”就是那个“能找到原因，并提出解决良策”的人；

　　二、当企业出现新规定、新制度、新要求的时候，需要“你”就是那个“能正确理解执行，并促使企业受益”的人；

　　三、当发现能够产生经济效益的理论、方案，未能得到实施的时候，需要“你”就是那个“能够发现，能够产生经济效益的理论、方案，并推动其实施”的人；

　　四、当企业出现彷徨犹豫、举棋不定的情形时，需要“你”就是那个“能当机立断拿定主意”的人；

　　五、当企业遭遇意外的不幸或损失的时候，需要“你”就是那个“能够把风险或损失减少到最小”的人；

　　六、当企业或领导遭遇打击，灾害临头的时候，需要“你”就是那个“挺身而出保护企业或领导安全”的人。

　　当时，由于是临时的会议，未能仔细地推敲，就把它分发给与会者。

会后再看的时候，觉得有些欠妥当，一直想找机会补救补救。因忙于应酬，一直未能如愿。今天借此机会，再谈一下：企业需要我们怎样工作？

我曾经说过：企业聘用你，要么为企业挣钱，要么为企业省钱。如果说你的工作既不能挣钱，又不能省钱，就说明你的工作岗位没有存在的必要。其实不然，企业里并不是所有的人所有的工作都是在围绕着钱转的，实际上有很多的人很多的工作是无法用钱衡量的，至少是无法直接用钱衡量的。那么，这样的人这样的工作是不是没有存在的必要呢？为什么会出现如此的失误呢？是我当初的认知肤浅，不科学，不全面。

企业管理的核心就是把复杂的过程简单化，找准突破点，集中力量取得实效；同时并举，把简单的目标复杂化，需要编制制度流程，需要培训指导考核奖惩，让企业所有的事情有人做，所有的人有事做。企业需要你怎样工作？上面罗列的六种情形下的"需要"没有错，但重要的要想达到所有人能够愉悦地做事，所有的事情都能有人主动地要求做，是很难很难实现的目标。

愉悦地做事，只有在为自己要做事的时候，做自己喜欢做的事情的时候，才有可能实现。而实际工作有多少是自己喜欢做的？又有多少是自己要做的？因此大家觉得工作不愉悦是情理之中的事情，特别是多年来坚守一个岗位，从事同样的工作的人，产生如此不愉悦的状况，是可以理解应该理解的事情。

那么，面对现实怎么样才能快乐愉悦呢？根据多年来的阅历感悟，有这样的几句话送给同事们。这不是要求，也不是制度，所以不需要所有的人都能记住并落实在行动上的。它是一个企业所有者、企业管理者多年来的阅历感悟，是一个企业所有者、企业管理者贡献给社会的宝贵财富，是献给希望愉悦做事、幸福生活的人的法宝，是我辛辛苦苦为需要的同事准备的礼品，也是代表海迅这个社会法人，告诉它所有的雇员的行事原则：

工作将在承诺贡献后得到机会；

能力将在作出贡献后得到认可；

尊严将在作出贡献后得到彰显；

待遇将在作出贡献后得到改善；

升职将在作出贡献后得到实现。

悟后悟之五——需要掌握的劝说基本功

> 不可在有敌对情绪的时候，勉强劝说；不可在环境不适当的时候里，勉强劝说；不可在没有自信心的时候，勉强劝说。

　　管理与销售都离不开沟通。沟通，离不开交谈。交谈的目的，不是为了让对方了解自己的观点，就是为了让对方接受自己的观点。也就是说，明白我的意思或照我的意思办。而现实生活为什么让对方了解自己的观点、接受自己的观点就那么难呢？明白我的意思或让对方听懂我的话，相信我的话，完全按照我的意思办事。特别是企业的主管以上的管理者，以及在销售人员中更容易产生这样的现象。

　　为什么会发生如此的事情呢？是责怪、埋怨、痛恨"对方"的"笨""滑""贪""精""懒"？还是反思、改善、提升我的劝说能力？一般情况下，选择前者的是失败者，选择后者的是成功者。

　　现实生活中，人们往往容易选择前者，因为选择前者符合人的本性。而正确的选择应该是后者，却偏偏很少有人选择后者，因为选择后者需要智慧、毅力。

战国时期的公孙衍、张仪、苏秦等人凭借智慧毅力游说于各个诸侯国家，翻手为云，覆手为雨，结盟有结盟的道理，分裂有分裂的理由，大谈合纵连横。合纵既可以对齐，又可以对秦；连横既可以联秦，也可以联齐，这就是令"对方""朝秦暮楚"，完全按照公孙衍、张仪、苏秦等人的意思办事。要是能有公孙衍、张仪、苏秦的劝说智慧和能力，还不能让企业的人听懂自己的话吗？听进自己的话了吗？还有唐朝的魏征，汉朝的张良也是有名的劝说的能人，能够劝说皇帝按照自己的意思办事。要是掌握此等劝说的基本功何愁事情不成？事业不成？人生不成？

那么，怎么样才能拥有魏征、张良的劝说的智慧能力呢？首先要掌握劝说的基本功，然后勤学苦练，等候良好的机遇。

用好印象，基础是知己知彼。这里所说的知己知彼不是让去调查"对方"的祖宗八代，而是了解彼此留下的印象。印象是既难以说清又无法争辩的，而对决策起着很关键的作用。为什么会有"一见钟情"？为什么会不喜欢与某人交往？都是印象在起作用。

你在他的心中印象好，容易听你的。你在他的心中印象不好，"我忙呢""以后再说吧"。一个"呢"，一个"吧"，潜台词就是告诉你：我对你没有"好印象"，从而失去了进一步沟通劝说的机遇。

总之，印象的魅力是劝说的敲门砖。印象好，劝说成功了一半。诸葛亮劝孙权的故事就是运用印象的典范。诸葛亮要劝说孙权联合抵抗曹操，孙权留给诸葛亮的印象："只可激，不可说"。于是诸葛亮用一计"激将法"达成了目的。

树立信心，核心是彼此需要。这里所说的彼此需要不是对等的、同质的，而是交换的、差不多的。我需要你按照我的意思办事，可以得到你想得到的，而不是"我求你""请帮忙"。如果说在劝说之前，自己先矮一截，将自己置身非常不利的被动局面，又怎么样能够让"对方"相信：按照你的意思办事，能够得到我想得到的，而且是体面安全地得到？所以，自信是劝说的核心力量。

见风使舵，关键在于恰如其分。这里所说的恰如其分既不是一味地迁就，也不是为了反对而反对。要创造条件让对方先说多说，在对方先说多说的过程中充分了解真实的想法，然后寻找到突破口，伺机反应，以达到让对方按照我的意思办事的目的。记住目的是让对方按照我的意思办事，而不是在劝说过程中的谁是谁非。人们常说：见人说人话，见鬼说鬼话。实际生活中，无论是因为管理需要还是销售需要都要会见鬼说鬼话，见人说人话。比如：

对"文化人"说话，要以知识学识为根据，不可信口雌黄；

对明事理人的说话，要依据事实根据说话，不可瞎编乱造；

对掌实权的人说话，要依据形势逼人说话，不可目光游离；

对不缺钱的人说话，要依据豪华享乐说话，不可以穷为荣；

对需要钱的人说话，要依据有利共享说话，不可只谈精神；

对想升官的人说话，要依据有法帮忙说话，不可以利而诱；

对无所谓的人说话，要依据革命精神说话，不可抱阴负阳。

对自视清高的人、敢担责任的人、精明强干的人、交情深厚的人、油腔滑调的人，皆需区别对待。

当然，还有什么时候说什么话，在此不一而足，只是抛砖引玉而已。人活，不为名，也为利。有了名利，也就有了情。如此"三毒"，难以根除。

权衡利弊，重点是三大规则。这里所说的三大规则是：

利弊相权，取其利；

两利相权，取其重；

两弊相权，取其轻。

规则好懂，也好记，但要能够判别是利？是弊？尚不是人人就能准确判别的。而且劝说者的利弊与被劝说者的利弊多少是有些差异的，要不然，也就不需要劝说了。在分清劝说者与被劝说者的利弊后，寻找到彼此的公约数，确保彼此利益最大化，是劝说的重点。

那么，怎样分清劝说者与被劝说者的利弊呢？张绪通老人家在《管理之道》上说：1.象。就是劝说者为使事情真相明晰，所绘制的一幅图画，也就是说像这个；2.比。就是优势与劣势的对比。刘邦封齐王的故事就是比来的选择：两弊相权，取其轻；3.摩。是鬼谷子用来形容落实象、比的技术。鬼谷子列出了"摩"的十字诀，如能恰如其分地应用，一定能令沟通达成事半功倍的效果。

注重逻辑，灵魂是目的正当。说话颠三倒四，"前言不搭后语"，辛辛苦苦说了半天，吐沫星子满天飞，结果连自己都不知道说了些什么，而且觉得"理不通"，又怎么样能够让对方按照我的意思办事呢？想要什么？按照我的意思办事会怎么样？不按照我的意思办事又会怎么样？一清二楚，才能实现劝说的目的：按照我的意思办事！

核心提醒：

1. 不可在有敌对情绪的时候，勉强劝说；

2. 不可在环境不适当的时候里，勉强劝说；

3. 不可在没有自信心的时候，勉强劝说。

管理与销售的核心是沟通，沟通的实质是劝说，劝说对方按照我的意思办事。

悟后悟之六——一个充满矛盾心理的凡夫俗子

生活在矛盾叠生的社会，从事着矛盾的职业，面对现实，哪里有最佳选择的机会？只能抓住最需要的追求，先解决一个核心的需要，然后再慢慢地满足其他的需要。

我不懂时尚，虽说已过"耳顺"的年龄，却还很想时尚。

矛盾吧？我也知道本质上，我就是一个矛盾体，又生活在矛盾叠生的社会，从事着矛盾的职业，能不矛盾吗？之所以没有被大家发现，是强烈的理智约束力发挥了很大的作用，把矛盾掩盖了起来。

喜欢美女吗？连太监都喜欢，我当然喜欢！喜欢豪车吗？当然喜欢！健康的男人都会是统一的答案。

对我来说，喜欢是一回事，说与做又是另一回事。源于信念与追求，还有所生活的社会、从事的职业的共同因素决定的，只能将喜欢藏在心里，很少说出来，更不敢让喜欢成为事实。

要说不喜欢豪华汽车，那绝对是谎话。但为什么又不买呢？一是钱还不够多，舍不得；二是信念与追求的约束力，总觉得凭我现在的状况，开豪华车似乎是超越了经济实力；三是怕人说闲话。所以，近期来，为买什么车可难倒我了。

车的作用是交通工具，需要的时间送我到想去的地方。买车首先要考虑的是安全、舒适两个指标，然后才是速度、油耗之类的指标。

实际决策的时候，并非如此简单。一是品牌与品牌的差异难以说清，总是难得全部优于其他品牌；二是品牌与品牌的舒适度难以说清；三是参谋太多；四是了解太少，结果是难以决定买什么牌子的车。

行动时就简单多了。在未能买到机票回来后，去北京开发区卖汽车的地方转了一圈，排除了所有人的建议，抵御了所有销售人员的劝说，决定买了一辆枫叶红的 voLvoxc60，而且是所了解的最低价，比一般的价格便宜一万元，心里特别舒坦。

决策的时候考虑到时尚吗？男人＋越野车＋休闲服饰，是够野的。为什么会偏爱越野车？也许是性格，也许是职业，更可能是生活的因素。说实话，决策的第一因素是它的不追尾功能。"你不碰人，人碰你"是不是很冤？怎么办？开车总是容易走神的我，特别需要在危险的时刻，能够帮我踩下刹车，而 voLvoxc60 正好能够满足我的此项需要，至于"威风""气派""面子"的考量已经丢在脑后。是不是矛盾？是矛盾。正常吗？真正决策的时候，起决定作用的是心底最关心的需要，而不是所有的需要。

与我一起买车的朋友并不认为此决策是最好的，他认为奔驰的车更好。问题是他认为好的车型十一月份才能上市，而我急需要在中秋节期间用车，怎么办？也就只能如此而已。由此可见，此选择并不是我的最佳选择，而是适宜的选择。

买车如此，人生又何尝不是如此。生活在矛盾叠生的社会，从事着矛盾的职业，面对现实，哪里有最佳选择的机会？只能抓住最需要的追求，先解决一个核心的需要，然后再慢慢地满足其他的需要。

买车如此简单的事情，尚如此矛盾重重，更何况喜欢字画之类以及需要更多智慧的事业上的事情。既然注定是个充满矛盾的心理的凡夫俗子，也就是说本质矛盾的人，也就不要拒绝矛盾，更不要害怕矛盾。要勇于面对矛盾，坦荡对待矛盾，慢慢地解决矛盾。矛盾是永远解决不完的，老的矛盾解决了，还会有新的矛盾。那就视矛盾为人生诤友，与之坦荡相处，潇洒阅人生吧。

悟后悟之七——秋的咏叹

做人当似旅行者，欣赏风光的时候，不能忘掉赶往下一个景色更美的仙境。

　　不知不觉间，秋天来了。近期老是觉得有些累，不知道是疲劳呢？秋困呢？还是真的老了，难以承受身心多种压力？也许是兼而有之。

　　曾常有人问："累吗？"总是脱口而出："不累！"这并非随便的应付，而是发自内心的感受。从事着喜欢的职业，做着喜欢的事情，而且是想方设法"抢夺"来做的事情。如此，更非是矫情，而是"不正常的命运"，滋生了"不正常的性格"，从而有了"不正常的喜好"，也就有了"不正常的人生"。视他人认为累为不累，也就在情理之中。

　　更重要的是发自内心的"认命"。该来的，总要来，不该来的，求也求不来。人生一世，就像逆水行舟，一切顺其自然，就不会觉得累，而且还是享受到惊心动魄的愉悦。好比船在旋涡中打转的时刻，他人以为很危险很辛苦，其实对习惯喜欢拼搏刺激的人来说，反而觉得很过瘾。

当然，换个角度再感受人生，还是有点儿累。"好人活得累"，是人们对好人最好的奖励。自认为自己是好人，当然，也就有点儿累，要不然，不是成为"不是好人"的一类吗？只是此"累"，是按照社会上大多数人的标准衡量的。社会流行"跟着感觉走"，"我想怎样，就怎样，我怕谁？"如果说突然发现有一个总是用信仰追求理智约束自己本性的人，见了爱慕的女人不敢越雷池一步，看到喜欢的美食不敢放松了享用，当然会觉得累。

以平常心反刍人生，是有点儿不一样的感受。都说"男人有钱就学坏"，"马无夜草不肥，人无横财不发"。还有"原罪说"，似乎有钱男人的钱都是"来路不正"的，有了钱的男人是肯定要学坏的。社会上是有如此的现象，但如果因个别现象，就一概而论地判定所有有钱的男人，还是有失公允的。

何为坏？是不是穿名牌的衣裳，开豪华的车子，吃丰盛的大餐，就是学坏？是不是没有将自己的资产与所有亲戚朋友同事平分就是学坏？是不是没有"报恩""帮忙""照顾"就是学坏？是不是出入娱乐场所就是学坏？是不是不结婚、离婚就是学坏？信仰追求不一样，地位、财富不一样，答案错综复杂也就在情理之中。我以为坏是相对而言的，没有绝对的坏，更没有绝对的好。

人当如何活？为人？为己？为己是为人，为人是为己。己是人，人是己，只是角度有差异。社会千姿百态，人生错综复杂，如何活？命运已定，没有选择，重要的是坦然自若。苦瓜好吃吗？糖醋鱼好吃吗？穿休闲装好？穿西装好？唯有问心！菩萨帮不了！算命先生帮不了！他人更帮不了！

六十年人生，说短不短，说长不长。信命，认命，顺命，成了口头禅。

做人当似一棵树，春暖花开的时候，不能忘掉留给社会一片绿荫，让树荫下的人们分享大自然的恩赐。寒风刺骨的时候，懂得坚守生命，养精蓄锐，期待来年。

做人当似旅行者，欣赏风光的时候，不能忘掉赶往下一个景色更美的仙境。

人生似跑马拉松，赢得了一场比赛，也不可立即停下来，否则会有生命危险。

人生似长途旅游，明知道快乐的时候少，担惊受怕的时候多，还是会乐此不疲。

细品人生，庆幸能够与大自然同行，抛弃了春季的幼稚，磨灭了夏季的狂热，在秋风送爽的季节，泡一杯自我配制的"保健养生茶"，慢慢品味《素书》。虽说这茶清晰透明，略显金黄色，实则味浓沉重，涩中有苦，但也苦后觉甜，甜里透香。《素书》已不知道读过几遍，但空闲的时候还是习惯成自然地爱翻阅它。

珍惜吧！秋季的风光好美，虽有树叶飘零的愁苦，但更有成熟的喜悦。

庆幸吧！不是所有的人都能欣赏这美好秋景的。更多的人不是无暇顾及欣赏、不懂欣赏、无法欣赏，就是……

感恩吧！能欣赏这美好的秋景，要感谢父母亲的养育，老师、长辈的教导，领导、朋友的支持，同事的帮助，妻女的谅解。

金秋季，用一颗淡泊的心来面对，感觉不错！

悟后悟之八——自然亦人生　人生亦自然

雷雨来了，避一避；风雪来了，躲一躲；天热了，脱衣裳；天凉了，加衣裳。

好久没有在清晨到后院散步了。一是事情有点儿多，家里的公司的事情忙得不可开交，外出难以回家，偶尔有点儿空闲的时候，也懒惰得很，一点儿也不想动。二是有些害怕睹物思人，母亲走了，永远也不会回来了。虽说母亲大人走得安详，但作为子女来说还是觉得难以割舍。看到母亲的房间，就想起老母亲的音容笑貌，想起过去一切的一切……

昨天，是母亲的"六七"忌日，忙碌了一天一夜，好累啊。两个妹妹也按照风俗习惯，请和尚做了"六七"。

如果说真的是"六七知死活"的话，母亲今天才知道自己是真的回不来了，不知道母亲会不会舍不得我们？

我们烧了那么多的冥币母亲能收到吗？

母亲与我们已是两重天，再也无法知道答案了。不知道是不是人累了之后，空闲的时候特别容易想东想西？

早晨，一觉醒来，已是六点十分，好久没有如此过了。虽是如此，两条腿还是好难受，特别是膝盖骨酸痛酸痛的。风中飘荡的稻草烟尘并未阻碍我散步的冲动，要是不活动活动，一天都将难以缓过神来，哪里还有精力与心情工作哟！

推门来到后院，金黄色的银杏叶、槐树叶、柳树叶，随风起舞，大红的、粉红的、鹅黄的、白色的月季花，点缀了后院的秋色，一片枯槁的牡丹中，还有一朵紫红色的牡丹花，特别抢眼，唯独桔子还害羞地藏匿在深绿色的叶丛中。虽说后院的景色难抢秋季的悲悯，但在我的眼里已经看见了春的希望、夏的娇艳。一样随风飘落的树叶，我看到的是回归原点的欣慰；不只是看到掉落在地上干枯的红枣，还看到了一棵棵破土而出的枣树；不只是看到了随风摇曳的牡丹枝，更看到了来年枝头孕育的花蕾。

一样的景色，不一样的感受。大自然如此，人生又何尝不是如此。

一样的人生，不一样的心情。为什么？是命运？是修为？是金钱？

人类是无法改变自然的，怎么办？雷雨来了，避一避；风雪来了，躲一躲；天热了，脱衣裳；天凉了，加衣裳。

人生无法改变命运，怎么办？尽己之所能；个人无法改变社会，怎么办？发自内心地理解它、认可它、接受它。

无法改变他还有她，怎么办？改变自己适应他还有她。这个他还有她不论钱财多少、地位高低、文化多寡，都要改变自己去适应他还有她。

其实，自然亦人生，人生亦自然。既然大自然有春的希望、夏的娇艳、秋的成熟、冬的收藏，那么人生也就难免有生的喜悦，长的快乐、老的愁苦、死的悲伤。

处于自然秋季与人生秋季的我，既有春的兴奋、夏的热烈、秋的刚毅，也有冬的希望。

悟后悟之九——相马不如赛马

任何的选择都不是完美的选择，也就无需追求完美的选择。只要是有可能解决现在存在着的问题的选择，就是现在最好的选择。

用人永远是心中的痛。虽说人生六十有余，从事企业经营管理也有三十多年，但在如何用人的问题上，至今尚未能够找到一个完美的解决方案。教授讲的，书刊写的，电视上说的，有道理吗？是有道理，而且是发自内心地感到有道理，只是实际运用并不如意。我错在哪里呢？

是授权不到位，让他们觉得有搪塞推卸责任的理由吗？是激励机制有问题，让他们觉得自己应该得到的而没有得到吗？是监管机制有问题，让他们觉得有机会可以利用吗？扪心自问，我觉得似乎是授权已经到位，总经理的人事权、批核权、决策权、奖惩权都有明确的书面规定；对总经理的激励也是明确的工资、奖金、股权，根据经营业绩都有明确的规定；公司有监察审计部门定期对经营活动进行审计，发现问题及时通知整改。

直到今天，似乎是错在重视了"相马"，精力放在选人上，按照自己的条条框框去套人才，也就是在寻觅更多的"我"，而忽视了"赛马"，大胆地使用新人，让他们用工作过程的事实说话，而不是简历、学历说话。人的性格能力是天生的，既有父母亲的遗传基因，也有自我上辈子的修炼。对有才能的人来说，没有施展才能的机会，会无法发现自己的潜在的才能，从而浪费了才能。对没有才能的人来说，你给予他施展才能的机会，而且想方设法地培训提升他的才能，也无法拥有才能。所以对经营业绩不好的经理人来说，不是不努力拼搏，而实在是才能不适应现在的工作岗位，也就是他的才能的强项不在此。对不适应现在的工作岗位的人怎么办？共同坚定"天生我材必有用"的信念，坚持"只有不适应的工作，没有不适应的人"的原则，尊重个人意愿，结合企业需要，不断更新工作岗位，直到他能够施展自己的才能为止。

也许这样一来，总是更换经理人，会有很大的风险，会有代价的。问题的关键在于：换经理人会有代价有风险，但也有了机会；不换经理人不但有代价有风险，而且没有机会。怎么办？尽可能地把风险控制在最小的范围内，把代价限制在能够承受的范围内。

任何的选择都不是完美的选择，也就无需追求完美的选择。只要是有可能解决现在存在着的问题的选择，就是现在最好的选择，也就是常说的"矮子里选将军"。在没有"更好"的以前，先把"手头最好的"使用起来，就是正确的选择。优秀的经理人是打拼出来的，不是培养出来的。借用央视《焦点访谈》的说法："用事实说话。"

发自内心地坚信选定的管理者，就是最好的管理者。坚信他会为了企业把能挣的钱挣回来，把能省的钱省下来，从而给予充分的授权。人事上的权限：团队所有成员的决定权、指挥权、奖惩权；财务上的授权：公司制度规定范围内的审批权、实际情况的证明权、建议权；经营管理中的决策权：公司制度规定范围的决策权。同时，用行动告诉他：你的能力能够胜任现在的工作，只需要你用心工作。当然，还有来自我的信任与支持。

对管理者的最佳培训就是实战。能够胜任现企业需要的人是干出来的，而不是培训出来的，更不是选出来的。让更多的人有干的机会，企业才能有更多胜任企业需要的人才。被火焰烤过，才知道火的厉害。被水淹过，才能懂得会浮水的重要。让管理者成长的不是学历，而是阅历。犯错误不可怕，只要懂得错在哪里、能改善，也就是常说的能够知错即改，就是企业有用的管理者。

发现的问题解决了，还会有新的问题出现。不断发现问题，再不断解决问题，将是人生永远的主题。用人的痛还会有，也许会有程度的差异。选择了当老板做企业的道路，也就选择了"痛"的人生。若论时效，"赛马"的刺激一定胜过"相马"的智慧，这样的刺激未必是所有的人都能享受的。要想享受"赛马"的刺激，不但需要适应的心脏，还要有享受的福气。

其实，老板又何尝不是参"赛"的"马"？与管理者的差别，老板是被市场推进了赛场，被客户推进了赛场，而不是被特定的人选出来的，相出来的。既然同是参赛的选手，当然也就应该尽心尽力地使出浑身的解数，力争赢得人生的比赛。

悟后悟之十——应付了事　害己害企业

实际工作中，很多人事情做不好，不是能力的问题，也不是精力的问题，而是思想上的问题。不是没有尽心尽力地去做事，也是常心不在焉地应付，还有就是抱着"死猪不怕开水烫"的心态混。

近期来，常为事情做不好而着急上火，虽说压抑了火气没有骂人，也心平气和地劝说过、提醒过、指导过，但似乎效果并不理想，能够做好而做不好的现象仍未得到改观。特别难以忍受的是有的人明显是在应付了事，根本不去用心做事。这样的人打个比方，就像是"黄牛颈下的皮"。

如果说实在是没有能力做事，你可以坦诚地说出来，给你换一份适应的工作。而且这也怪不了你，是领导安排失误，错在领导。如果实在是没有时间来做事，更该坦诚地说出来，如果领导有可能调整就调整一下，如果领导没有可能调整就坚持下去，尽心尽力地去做事。这样万一做不好，领导也能理解。也就是说，无论你说不说，因为以上两种现象做不好事情，责任在领导而不在做不好事情的人。

实际工作中，很多人事情做不好，不是能力的问题，也不是精力的问题，而是思想上的问题。不是没有尽心尽力地去做事，也是常心不在焉地应付，还有就是抱着"死猪不怕开水烫"的心态混。而且这样的现象不是极个别的，不少人或多或少或轻或重有着这样的思想存在。而且这样的现象随着年龄特征变化特别明显，70后少于80后，80后少于90后。

为什么会出现这样的现象呢？是制度设计有问题，且助长了这样的现象？是没有教育过、提醒过，本性流露？还是天生就是这样的人？

静心深思，发现造成这种现象的原因是错综复杂的。起主导作用的是遗传基因的影响，起辅助作用的首先是企业的原因，没能创造一个应付了事难以生存的竞争机制。再就是社会因素的作用，也就是父母亲的溺爱，滋生了"小皇帝""富二代"的秉性，不追求上进，不担当责任，以自我享受为荣，"跟着感觉走"，想怎么样就怎么样，根本没有制度规定的约束，没有任务的概念，不在乎社会舆论、领导评价、同事看法。还有学校教育因素的作用，应试教育下的无休止的作业考试，让学生从小学会了"应付了事""心不在焉"的本领，并将此本领用在了不该用的地方。

怎么办？用"思八达"激励机制的优点，创造一个抱着应付了事的心态工作难以生存的竞争小环境。树立用心做事为荣，应付了事为耻的理念。形成争当用心做事模范的新风尚。奖励用心做事的人，厚待用心做事的人。和风细雨地劝说是创造这个小环境的关键所在，特别是对曾经为企业作过贡献的老员工，具有不可替代性的核心员工，以及可以在未来为企业作贡献的员工的劝说。只有这些人能够积极投身于创造小环境之中，才能起到事半功倍的效果。对这些人的劝说要以情感人、以理服人、以心换心。告诉他们：企业不用心经营将被市场淘汰！员工不用心做事将被企业淘汰！难道说你忍心因为你的应付了事而断送企业的明天吗？也就是说你愿意亲手毁掉这个企业吗？难道说你忍心离开你曾经奋斗过的阵地吗？你愿意放弃一个能够成就理想的平台吗？

难道说用心做事真的很难吗？

悟后悟之十一——别让脾气害了你

改变自己容易，改变他人难。这个"他人"包含所有除"我"之外的人。而且越是亲近的人，越难以改变。

脾气是调味品，有了它，人生将多些愉悦。

没有它，生活很乏味，没有生气，没有乐趣。

同样，脾气也是毒品，一点儿能治病，多了就要致病，而且是不治之症。

知道这些，相对容易，要做到，就不是那么容易了。

怎么办？不办！带着脾气的时候，不说话！不做事！不交流！特别是不能做决策！

换个环境，换个话题，换件事做，总之，要强迫自己冷静下来。

如果一时未能控制好脾气，当发现时，一定要勇于承担责任，并想方设法弥补因此造成的影响。

无论多么难，都要控制好脾气。否则，带来的痛苦更多，麻烦更大。

比如，改变他人和被欺骗。一切皆有规律，不要寄希望于理想，现实生活就是一部演绎客观规律的活剧。

改变自己容易，改变他人难。这个"他人"包含所有除"我"之外的人。而且越是亲近的人，越难以改变。

对过了"知天命"的人来说，脾气应是燕莎商场的商品。有能力就不要怕人说"傻"，能进去购物也是享受。虽说商品贵些，但品质款式还是省心的。否则，就不要去了。

而我，会偶尔去一次燕莎，主要以欣赏为主，碰巧，看见合适的也会出手。不知道算不算"傻"？是不是被欺骗？

当面说我"傻"的人不多。背后说我傻的，当面希望我傻的人，就不知道有多少。回忆人生，似乎只有兰芳说我"傻"的缺点。

被人背后说成"傻"，想成"傻"多少次？不知道！

其实，当面说我"傻"能心平气和，发现被人背后说成"傻"，想成"傻"，也当心平气和，不能脾气化。"傻"就"傻"呗。

越有权的人越有脾气，越有钱的人越有脾气。这一点需要引起警惕。

韩信忍了胯下之辱，才成就了历史传奇。明朝的刘伯温没有脾气，才能有了善终。

切记！脾气是毒品！

悟后悟之十二——领导者对部属的责任

领导者不但要对自己的使命负责任，想方设法带领团队完成自己的使命，还要对跟随自己打拼的团队成员——部属负责任，即对部属的思想、言行、方法、态度都负有责任。

一个称职的领导者，就是团队的灵魂。他能够引导团队心往一处想，劲往一处使，做起事来，能够达到事半功倍的效果。

一个称职的领导者，就是团队的原子核。他能够把团队的所有部属有序地团结在自己的周围，让他们充分发挥着自己的潜能，履行好岗位职责。

一个称职的领导者，就是团队的活菩萨。既能救苦救难、普度众生，也能惩前毖后、治病救人，还能懂人间烟火、解部属心结。

借用《素书·上略》的话来说，领导者需要承担如下责任：

"危者安之"——消除疑惑部属的疑惑，使之全身心地投入工作之中；

"惧者欢之"——清除消极部属的消极根源，激发部属的工作热情；

"叛者还之"——真诚对待曾经反对过自己的部属，给予他发挥才华的机遇；

"冤者原之"——主持正义，为无辜受害的部属申冤，为错误的处罚平反；

"诉者察之"——想方设法听懂部属的话中话，明了说话的动机与本意；

"卑者贵之"——敢于给予怀才不遇的部属施展才能的平台；

"强者抑之"——约束好刚愎自用野心勃勃的部属，不使之成为"不是领导的领导"；

"敌者残之"——有效控制心怀不轨的部属的言行，用其所长；

"贪者丰之"——告诉贪婪计较的部属：越是斤斤计较，越是想得到，便越是得不到；

"欲者使之"——恰如其分地满足部属合情合理的欲望；

"畏者隐之"——巧妙激励有才能而心存畏难情绪的部属；

"谋者近之"——多与有主见的部属交往，听取他们的建议与想法；

"谗者覆之"——适时揭破谗言部属的险恶企图，不至于迷惑了团队成员；

"毁者复之"——注重改善环境，让部属有一个轻松愉悦的工作环境；

"反者废之"——及早收拾心存叛逆的不法部属，不使之给企业造成直接经济损失；

"横者挫之"——抑制企图恣意妄为的部属，不使之误以为领导怕他；

"满者损之"——艺术劝导言行傲慢任性骄傲自满的部属，使之明白：再了不起的个人，离开了团队也将一事无成；

"归者招之"——志存高远，着眼未来，主动热情招抚愿意加盟的能人；

"服者活之"——对忠厚诚实的部属，特别是价值观趋向一致，能力能够胜任的部属，一定要优先委以重任；

"降者脱之"——尽最大的可能帮助为企业作出过贡献的部属解决后

顾之忧。

拿破仑说过："只有糟糕的将军，没有糟糕的士兵。"以前听说时，也是不甚了了。结合领导者对部属的责任之说，才明白其中的内涵。

首先从兵的角度来看没有糟糕的兵。兵若糟糕，即是不能打仗，不能打仗也就会被打死，能够不被打死的兵，当然也就不是糟糕的兵。再从将军来看，将军也是从兵来的，兵只有永远不糟糕，才能不被打死，才能成为将军，由此反证：没有糟糕的兵。

换个角度再理解只有糟糕的将军。放眼人类历史，常胜将军今何在？相对于人类历史自然规律，不要说常胜将军，再了不起的人，也是糟糕失败者，也会有糟糕失败之时。

还有按照庄子的"无为"学说，无为，当然无所谓糟糕与不糟糕。反过来，有为，即易糟糕。不打仗，兵不能走向将军。只要打仗，就难免会有糟糕之处，因此说糟糕的将军一点不为过。

诸葛亮也说过："兵不在多，在人之调遣耳。"还有人们常说的"兵熊熊一个，将熊熊一窝"。由此及彼，部属是不是能够完成任务，关键在于领导者怎样充分发挥部属的能力。当发现有的部属们"无为"，或者"不能为"，或者"不好好为"，或者"不认真为"，或者"伪为"的时候，领导者需要当机立断，果断决策，立即行动，要么换掉有以上言行的部属，要么帮助有以上言行的部属改变，别无选择。

总而言之，领导者不但要对自己的使命负责任，想方设法带领团队完成自己的使命，还要对跟随自己打拼的团队成员——部属负责任，即对部属的思想、言行、方法、态度都负有责任。

悟后悟之十三——关于人的两个话题

目的很重要。汽车如开错了，可以调头往回开。人生错了，就没有调头往回开的机会了。

一、何为人？

此处所谈论的人，不是人与动物区别的人，而是一个真正意义的人，相对完善的人。

何为人？不同年龄段的人，不同经济基础的人，不同教育阅历的人，有着不同的答案。要求他们用一个简单扼要的形式——人 =X＋Y＋Z 的公式来回答，也会有看似不可理解的答案。

其原因在于，人本来就复杂，用家乡人的口头禅说："一娘生九子，九子各不同，九子九样形。"一个父母亲生的兄弟姐妹，尚且一个人一个样，更何况社会那么大，人与人之间有这样那样的差异是很正常的事情。再加上人后天的自我发展差异，形成对人的理解性差异。在兴趣差异很难产生共振的情况下，要高度概括为一个公式来回答何为人，当然很难。

也正是源于此，才会有那么多的人，废寝忘食地想搞清它。结果呢，越是想搞清它，却越是搞不清它，至少是"公说公有理，婆说婆有理"，谁也难以说服谁。既然如此，也就没有必要搞清它，只需在一个适当的群体中形成一个被彼此认可的最大"公约数"的人的定义，作为大家都认可的答案。

人之所以为人，虽说有很多很大的差异，但肯定也有共同点。这就是为什么猴子再聪明，它还是猴子。人再笨，也还是人。我主张：人是有知识的动物，没有知识就会愚昧；人是有思考的动物，没有思考就会鲁莽；人是有情操的动物，没有情操就会鄙俗。如果说给予知识、思考、情操加上一个好的定语，作为人的公式的三个部分，这样的人，才能称得上是一个好人。

何为人：人＝知识＋思考＋情操。

何为好人：好人＝丰富的知识＋阳光的思考＋高尚的情操。

二、人为什么活？

为什么活，可往大了想，往大了回答：信仰追求。也可往小里想，往小里回答：想吃啥、穿啥。当然，还可往长了想，往长了回答：临告别人生的时候，留下了什么。也可往短里想，往短里回答：此事我想达到的目的，或者说今天想达到的目的。如果说再考虑到人与人之间的差异；同一个人，此一时与彼一时的差异，为什么活，一定也难以有标准的答案。

如此说来，为什么活，怎么样回答都是可以的。只是需要切记：人们会从你的答案中提炼到是不是信任你、重视你的信息。

春节期间听说了一个笑话。一个人，听说朋友被摩托车撞伤，送到了人民医院抢救，当时，他正在陪夫人逛商场。听此消息，立即丢下夫人，跑到商场门口，拦住一辆出租车，就往医院赶。也许是太着急，上车后只说："快快快！"司机看看他没有动，他又说："没听见啊？快快快！"司机猛踩油门，汽车往前蹿去，沿着人民路往西，过了中楹桥，又过了西楹桥。

这时他才发现不对劲,不是去人民医院的方向,就问:"你把我送到哪里?"司机说:"你只说'快快快',又没说地点,我就以为是一直向前开啊。"一听此话,他自己笑了,说:"我去人民医院。"汽车到前面一个岔路口调头往回开。

由此可见,目的很重要。汽车如开错了,可以调头往回开。人生错了,就没有调头往回开的机会了。龟兔赛跑,输了这一场,还有下一场。人生只有一次。为什么活,当要早点儿搞清它。

现在的人,文化水平比较高,想法也比较多,遇到的困惑也一定不少。那么怎样才能实现自己的理想,做自己喜欢的工作,得到自己想得到的东西呢?就像何为人?为什么活?人与人不同,没有统一的答案,需要结合自己的实际情况,寻找合适的答案。

明白了何为好人,懂得了人为什么活,不敢说就能实现自己的理想,就一定能得到自己想得到的,但至少会愉悦些,开心些,升职、加薪的机会能多些。

悟后悟之十四——什么样的人容易成功

懂总结、能总结、会总结；懂创新、能创新、会创新；懂拼搏、能拼搏、会拼搏的人容易成功。

要问什么样的人容易成功，首先要弄清何为成功？对吃不饱穿不暖的人来说，有饭吃有衣穿是成功。对没有房子住的人来说，能够有房子住，哪怕是租来的，也是成功。过自己喜欢的日子；得到自己想得到的一切；"立功、立言、立德"，"发财"，"当官"，都是可以认为是成功。而我在此想说的成功，既是如上所说，也不完全如此所说，是更全面的，更平凡的，境界更高的成功。

什么样的人容易成功？我不知道标准的答案是什么，只能是说说心里的想法与大家分享。

今天，有一个辞职的人来企业办理手续，本想作为特例照顾一下，给予适当的补偿。看她执意"不需要"，也就没有坚持。临别的时候，我说了这样几句话："你的能力没有问题，关键在于是不是喜欢做。喜欢做的事情，能力得到充分发挥，事情做成了。如果说你不高兴，就有些应付，结果事情就很难做好了。""而人生又有多少事情是自己喜欢做的事情？""成功的关键在于：把不喜欢做的事情，当喜欢做的事情。"算是同事近十年的离职赠言吧。

她走了，我问自己：是不是该说这些话？这样几句话是不是真理？对她来说，是金玉良言吗？还是搪塞应付？扪心自问，至少没有恶意。既然不能做同事，总不至于成敌人吧？这是我的为人底线。

什么样的人容易成功？有人说"与命运有关，是天生的"，也有人说"机遇很关键""能力很重要"，更有人说"家庭出身是决定因素"，如此等等。

当然，一个人的成功也离不开机遇。有了机遇，不能没有能力。有了机遇，也具备能力，更不能不努力。

所以说，容易成功的人一定是命运好的人，家庭出身好的人，机遇垂青的人，真有能力的人，懂得拼搏的人，或者说，以上几个方面，至少占有两项以上者。

人与人对成功的内涵和外延有着不同的理解，也就左右了人的生存心态，影响了人的生存质量，昭示了人的境界，决定了人的价值观。

影响成功的因素很多，可以分为主观因素与客观因素两类。那么，具体点儿说什么样的人容易成功呢？也许是受父亲"穷命，不怕死做"的思想影响，我认为在同等条件下，懂总结、能总结、会总结；懂创新、能创新、会创新；懂拼搏、能拼搏、会拼搏的人容易成功。也就是"会总结""敢翻花头儿的""舍得死做""总是为难自己""自己跟自己过不去""把不喜欢的事情当喜欢的事情做"的人容易成功。

悟后悟之十五——重建企业伦理

> 企业伦理建设不是一朝一夕的事情，不但需要持之以恒坚持下去，还需要不断创新内容与形式，以提升员工参与的积极性和主动性。

　　面对近期内出现的上海"染色馒头"、广东"牛肉膏"、河南"瘦肉精"、北京"增白爆米花"，以及"激情杀人"药家鑫、用刀捅伤母亲的留学生事件等，共和国的总理震怒了，社会惊醒了：为什么人的道德伦理会如此缺失？我们该怎么办？

　　社会伦理的缺失，是由诸多原因造成的。有国家的责任，有学校的责任，有家庭的责任，也有社区、企业的责任。特别是作为社会的一个重要的组成部分——企业来说，企业伦理的缺失是造成社会伦理缺失的很重要的因素。虽说生产"染色馒头""牛肉膏""瘦肉精""增白爆米花"都有这样那样的"理由"，比如：企业面临的社会环境有些"逼良为娼"的无奈，不偷工减料，不以次充好，企业就无法生存。用老百姓的话说："又要马儿跑得好，又要马儿不吃草""又不是我一个人""不这样，我就无法生存"

等从众的奇谈怪论，以至于不顾消费者死活的犯罪行为，时有抬头，此起彼伏。

何为伦理？是人与人相处的道德准则。假如不能遵循道德准则行事，特别是身为领导、教师、父母亲的人，不能遵循道德准则行事，一定会产生破坏伦理的错误的示范作用、引导作用、推波助澜作用。甚至于影响到更多人自身的生存，形成人为的灾难。"激情杀人的"药家鑫与机场用刀捅伤母亲的留学生，就是丧失了道德准则，走上了犯罪道路的反面典型。

何为企业伦理？企业伦理是商业团体或者生产机构以合法手段从事经营时，应该遵守的道德规则。像遵守国家的法律法规、顾及社会利益、保证消费者权益，都是企业必须要的底线，突破了这条底线，不但是伦理的缺失，而且会走上违法犯罪的道路。从吃的"三聚氰胺""瘦肉精""牛肉膏""一滴香"，到住的"楼歪歪""楼脆脆""楼裂裂"，再到"铁道部的总工不敢坐高铁"，都是伦理缺乏的企业所为。如果说不是社会以"最低价中标作为判定企业是否具备供货的依据"，而企业缺失伦理，唯利是图，还会有如此的现象吗？

谈到此，想起了冷水煮青蛙的典故。典故中的青蛙，之所以被热水煮死了，就是因为对环境慢慢改变适应了，等到发觉危险的时候，已经没有能力逃避了。

当今社会的经商环境，就像是装满冷水的大锅，社会日益完善的法律以及人们法律意识的增强就是锅下的火，而企业经营者就是那青蛙。会不会被煮死，关键在于是不是认识到所处的危险，并乘危险尚未失控的时机，抓住道德的准则，奋力一跃，逃出危险的地方。

企业伦理应该包含对内对外两个方面。对内的伦理，是企业的心、企业的魂。心坏了，魂没了，什么都没得说了。对内的伦理又有两个方面：劳资关系伦理；同事关系伦理。虽说社会都在提倡"以人为本"，也有的确实把员工"当资源""当主人"，但员工真的把自己"当资源""当主人"吗？有这样的员工，可称之为"珍稀资源"。

当前，个人欲望膨胀，缺少诚信自律，成了社会通病。由于政策、舆论、教育的失误，资本的本性与人的本性泛滥成灾，习惯只为自己着想，喜欢只相信自己，成了社会的时尚。要是偶尔有不同的言行，似乎是来自外星球的感觉，这就造成同事关系、劳资关系伦理缺失的内因之一。当然，自我信仰与追求的缺失，也是不可忽视的因素。总之，政策舆论、教育失误都是企业伦理缺失的罪魁祸首。

当前，企业对外的伦理缺失，主要表现在为了追求资本利润最大化，把消费者的利益当儿戏，投机取巧、偷工减料、偷梁换柱，而且此种现象有泛滥成灾之势。这些现象的出现，除掉上面所说的资产本性与人的本性交替作用外，还有国家的法律与政策不健全造成的纵容，以及一些执法者的包庇，甚至于参与其中等因素。如果党和政府再不加以重视，有识之士、有德之士再不对之警觉，社会的沉沦、民族的沦落将是不远的事情。

作为企业来说，重建伦理是当务之急。对内来说，企业需要创造一个崇尚道德伦理的小环境，形成最高决策者重视，中高层员工、核心员工示范，全体员工参与重建企业伦理的工作环境。

首先在企业要确立一切经营活动必须符合三大原则：遵守国家的法律法规；确保消费者权益；顾全社会利益。三大原则是企业一切经营活动的道德伦理底线，所有人员都要时时事事处处牢记在心，并作为决策的指南、行动的底线。为了确保三大原则得到落实，企业需要定期组织员工检讨，所有的经营活动是不是符合三大原则？发现不符合的一定要认真纠正，绝不姑息养奸。

在三大原则得到落实的前提下，才能开展企业伦理重建的第二步工作——员工的个人伦理重建。

员工的个人伦理是企业伦理重建的关键所在，它不但影响到企业的产品质量、企业信誉、经济效益，而且关系到企业的生存与发展，影响到员工及家庭的幸福。

在企业伦理面前，所有工作人员都是平等的。无论是企业的最高决策者，还是企业的中高层员工、核心员工，还是生产线上的操作人员，都需要积极认真地参与企业伦理的重建。敬老爱幼，礼贤下士，诚实守信，是做人的伦理。尊重知识、尊重人才，是企业的伦理。

结合企业当前的情况，我主张企业应该以相互帮助、相互理解、相互尊重为个人伦理重建的核心。

相互理解，重在换位思考，多替对方想一想。企业多为员工着想，就是解决员工需要——这是企业应该解决，也有能力解决的问题。相互帮助，重在恪尽职守。企业是一辆汽车，所有的零部件配合默契各尽职守，才能算得上是一辆汽车。你把自己的事情做好，就是对他人最好的帮助。相互尊重，重在理解他人。尊重他人，就是尊重自己。

企业的伦理重建工作，将组织企业中高层精读《素书》，一般性人员背诵《弟子规》。以讲解《素书》与《弟子规》为载体，开展企业伦理重建的专题培训、专题讨论，实现企业决策遵循"三大原则"，员工言行都能做"三个相互"的目标。通过强化企业人员的伦理意识，最终达到提高忠诚度、提升执行力的目的。

当然，企业伦理建设不是一朝一夕的事情，不但需要持之以恒坚持下去，还需要不断创新内容与形式，以提升员工参与的积极性和主动性。只有这样，企业伦理重建工作才能成功。

悟后悟之十六——恪守伦理才是成功正道

不要说制度、流程、规定都是根据过去的历史总结、对未来预测进行的，存在不准确性，就是再好的制度、流程、规定，有"魔心"之人，也一样会"钻空子"。

有人问我："有必要兴师动众地学习《弟子规》？能够解决问题吗？"其实，我也这样问过自己，结果是很无奈。我也想让大家读《素书》，可面对普通员工来说相对文化水平不高，再加上理解能力也有限，对他们来说《素书》就是天书，很难读懂的。

国家的法律法规健全吧？震慑力强大吧？一样有那么多的人"前腐后涌"，一样有那么多的有毒食品。身为平民百姓，既没有国家的震慑力强大，又没有黑吃黑的勇气，面对当今社会几乎无可救药的种种现象，又能怎么样？

"道高一尺，魔高一丈。"很熟悉，因为听得多。很无奈，源于客观规律如此，人难以置身之外。不要说制度、流程、规定都是根据过去的历史总结、对未来预测进行的，存在不准确性，就是再好的制度、流程、规定，有"魔心"之人，也一样会"钻空子"。企业怎么办？只能一厢情愿地寄希望于学习《弟子规》，重建企业伦理，把"魔心"化为道德之心。

当然，企业也是"人"，需要带头恪守伦理。做决策的时候，首先考虑的是不能以次充好、偷工减料，企业的宗旨是帮客户创造价值，帮员工实现梦想。当发生问题的时候，首先想到的是企业责任、社会道德、为人良心，而不是掩盖事实、推卸责任。也就是奉行符合伦理道德的危机处理原则。是"三聚氰胺"压垮了"三鹿"吗？不是！是企业决策的时候，忘掉了伦理道德。还有"染色馒头""瘦肉精"等，都是源于企业伦理缺失所造成的。虽说当今社会有些"迫良为娼"，用俗话说就是"街上婆娘不吃屎浇菜，买菜专拣肥的买"。但也不能以此为借口，丢掉伦理，做出伤天害理的决策来，也就是说要用伦理化解"魔心"。只有领导者与被领导者都能恪守伦理，特别是中高层管理者恪守伦理，企业才能适应社会发展的需要，才能不被"魔心"压倒，寻找到企业经营的正道。

还有作为企业主人的员工，同样需要恪守伦理。在重建伦理的过程中，确立了工作伦理、被领导者的伦理、领导者的伦理，作为员工的伦理标准。当然，此伦理标准未必没有缺陷，需要大家在执行之中对"道德底线"的产生加以完善。考虑到当前的社会环境因素影响，企业伦理建设以正面激励为主，加强正面引导。记得小时候父亲说过：上等之人自成人；中等之人打骂成人；下等之人打骂不成人。企业伦理建设首先从中上等之人入手，既是战略部署，也是战术要领，让一部分人，特别是中高层管理者，先行懂伦理、守伦理、行伦理，能够对企业伦理建设起到事半功倍的效果。

《弟子规》上说："首孝悌，次谨信，泛爱众，而亲仁，有余力，则学文。"这是做人的伦理标准，是"人"就要恪守。作为"企业人"来说，多了"企业"的界定，也就多了"企业"的特殊性的标准。除掉"孝""信""爱""仁""文"之外，又增加了"勤""诚""守"。勤——勤奋，诚——诚实，守——遵守。也就是说企业伦理核心在八个字：孝，信，爱，仁，文，勤，实，守。

无论是企业，还是企业人，恪守了这八个字，企业伦理的精华也就恪守了，也就寻觅到了成功的正道。

悟后悟之十七——我心中的国学

中，核心在于不偏不倚，不轻不重，不上不下，不好不坏。和，核心在于心言相和，言行相和，也就是内外相和。

国学，神奇的话题。读书多年，听课多年。年龄已过"知天命"，却越发不知何谓国学？

国学，时尚的话题。国学书籍，成为书店亮点：位置显眼、式样杂陈、拥挤的购书者。国学班，似雨后春笋。只要是个国学班，就有人报名。结果皆大欢喜，办班的挣了钱，参与的消遣了时间。

国学，成为时尚话题，是社会发展的必然？还是偶然呢？我倾向于必然。

信仰是生命的力量源泉。人没了信仰，也就等于没了生命的动力。没了动力的生命还有意义吗？四十多年的改革开放，物质财富增加了，人民生活水平得到很大改善。四十多年的改革开放，让人们曾有的信仰迷失了。旧的信仰被肢解破碎，新的信仰在哪？在儒家？佛家？道家？或是基督教？天主教？历史的车轮又将人们带回春秋战国时代。

要是任选两个字代表国学，我认同："中""和"。中，核心在于不偏不倚，不轻不重，不上不下，不好不坏。和，核心在于心言相和，言行相和，也就是内外相和。

单就自由来说，国学的自由，也就是庄子的自由，远比活在"主"的羽翼下自由，更比"美国民主"自由。我喜好老庄的自由：以我为本，以无为本。也就是没有"主""菩萨""法律""物质""世俗"束缚的自由。自由的极致，是在没有自由的时候，也能自由，即在自己的自由里。

国学典籍浩如烟海，根源性典籍有："三玄"——《老子》《庄子》《周易》。"四书"——《大学》《中庸》《论语》《孟子》。"五经"——《周易》《三礼》《书经》《诗经》《春秋》，共计十二本书。如果说将其中重复的书去掉，只有九本书，构成国学的根源性典籍。读好了这九本书，也就几乎通读了国学。

如此说来，愧疚！愧疚！国学班上了这么多年，除掉听讲过《大学》《中庸》《春秋》《老子》《庄子》之外，尚未系统性地阅读过九本根源性典籍。今后该咋办？明白了！能不能咋办？让时间说明一切！对我来说，还有一本也是大家不读的国学之书，那就是《素书》。读懂了《素书》，可以做个自由的人，活在自己的自由中。读懂了《素书》，可以做个有用的人，让自己的价值得到很好发挥，彰显自己存在感。读懂了《素书》，可以做个张良那样的，名垂千古的智人。

看到"根源性典籍"说，方才理解纪晓岚一生不写书。同时为自己的肤浅脸红！孔子说："述而不作。"而我呢？充斯文！好显摆！此时看，所谓的五本书，也就是"别人嚼过的馍"，只不过是嚼得细腻些，多沾了些许我的唾沫罢了。

曾有人跟我说基督教的好处，我说："美国好，美国强大，美国总统能管你的事吗？"在得到必然的答案后说："既然如此，美国的菩萨同样管不了你的事。"

国学，治愈信仰缺失的关键所在。

当下的社会现实告诉我们，很多的有识之士提醒我们：唯有东方智慧能够挽救世界。而国学是东方智慧的核心所在。国学包容了各种各样的智慧，是发挥民族传统智慧的信仰。

现在，人们的信仰有些乱哄哄的，需要一个了解、理解、比较、包容的过程，最终确立新的信仰。国学不是一个理论体系，是众多的圣人学说构成的宝藏。人们可以根据需要选择自己的"喜好"，奉为信仰。

倘若能够利用怡心礼院的物质资源、仲氏族人的人脉资源、国学班老师的师资资源，开设个系统性的国学根源性典籍研讨班，推动道德习俗的重塑，提升上流社会的素养，将是人生的又一快事。时势造英雄，赶上了，就要勇于担当。否则，愧对社会。

后 记

一个偶然性的机缘，我得到了《素书》的信息。

张良是我心仪的偶像之一，渴望有朝一日能够学张良急流勇退。得知张良的智慧来源于黄石公的《素书》，想阅读《素书》的愿望油然而生。

从北京回来的时候，在首都机场书店看到了它，欣然买了一本。到今天为止，算是粗略地阅读结束，感触甚深，收获甚多。

《道德经》曾经令我陶醉，《论语》也曾让我心动，而真正读懂、有空读完的还是《素书》。《道德经》太深奥，难以看懂。如果说看的是注、解、译，那就打折扣了。老子的本意，只有老子知道。再博学广闻的人物，也只能是自己的《道德经》注、解、译，而非老子的《道德经》注、解、译。《论语》太琐碎，没有兴趣读。"半部《论语》治天下"以及日本人用《论语》治理企业，都可以理解，而我以为还是《素书》好。

当我读完《素书》之后，首先决定请仲贞子先生的高足杨兴旺先生将《素书》刻在怡心园的石头上，成为怡心园的一景，与众人分享。有空的时候，读一读，品一品。后来决定再精读一遍，边读边把自己的感受写下来与众博友分享，与有缘之人分享，历时两年左右。这就有了以上这些章节的内容。

2011 年秋天，我又将感悟初稿整理了一下，增加一些与企业有关的案例，准备出版，意在与企业员工和朋友一起分享《素书》的智慧。

读书是人生的一大乐事，独乐，乐；与人同乐，更乐。

现在已经是 2023 年，离准备出版已经又过了十二年。十二年里，我又修改过多次，也与友人一起讨论过多次。不敢说对《素书》的理解更深更全，至少可以说有了许多的见解和理解。

十二年，社会已发生了太多的变化。越来越有些不认识的感觉，变化太多，太大了。企业也有了很大的变化，无论是规模，还是产业。最重要的还是人才队伍、员工团队的变化，也更彰显《素书》与企业管理的相关性。

特别是再读以前的文章，有时面红耳赤，有时心惊肉跳。真的是比"三十年河东，三十年河西"还要大的变化。